Norbert Hiller

Der Einfluß der Agrarsubventionen in Europa und den USA auf die globale Nahrungsmittelkrise

IGEL Verlag

Hiller, Norbert

Der Einfluß der Agrarsubventionen in Europa und den USA auf die globale Nahrungsmittelkrise

1. Auflage 2009 | ISBN: 978-3-86815-156-5

© IGEL Verlag GmbH , 2009. Alle Rechte vorbehalten.

Die Deutsche Bibliothek verzeichnet diesen Titel in der Deutschen Nationalbibliografie. Bibliografische Daten sind unter http://dnb.ddb.de verfügbar.

IGEL Verlag

Inhaltsverzeichnis

Abkürzungsverzeichnis

BIP	Bruttoinlandsprodukt
DIW	Deutsches Institut für Wirtschaftsforschung
EG	Europäische Gemeinschaft
EU	Europäische Union
EUR	Euro, Währung der europäischen Währungsunion
FAO	Ernährungs- und Landwirtschaftsorganisation der UN
FAOSTAT	Statistische Datenbank der Ernährungs- und Landwirtschaftsorganisation der UN
GAP	Gemeinsame Agrarpolitik der EU
ha	Hektar
HVB	Hypovereinsbank
IMF	Internationale Währungsfonds
kg	Kilogramm
Mio	Millionen
Mrd	Milliarden
NAC	Consumer Nominal Assistance Co-efficient
NPC	Producer Nominal Protection Co-efficient
OECD	Organisation für wirtschaftliche Zusammenarbeit und Entwicklung
PSE	Producer Support Estimate

TSE	Total Support Estimate
UN	Vereinte Nationen
USA	Vereinigte Staaten von Amerika
USD	US-Dollar, Währung der vereinigten Staaten von Amerika
USDA	Landwirtschaftsministerium der Vereinigten Staaten
WHO	Weltgesundheitsorganisation

Abbildungsverzeichnis

Tabellenverzeichnis

1. Einleitung

Das Stillen der Grundbedürfnisse eines Menschen, wie sie die Ernährung darstellt, ist als Menschenrecht völkerrechtlich verankert. So heißt es in Artikel 11, Satz 2, Absatz b.) des UN-Sozialpakts von 1966:

„In Anerkennung des grundlegenden Rechts [...] vor Hunger geschützt zu sein, werden die Vertragsstaaten [...] Maßnahmen, einschließlich besonderer Programme, durchführen, zur Sicherung einer dem Bedarf entsprechenden gerechten Verteilung der Nahrungsmittelvorräte der Welt."[1]

Auch heute, über 40 Jahre nach der Unterzeichnung des Pakts, scheint die Welt von einer gerechten Verteilung der Nahrungsmittelvorräte weit entfernt zu sein. Studien zeigen, dass zwischen den Jahren 2001 und 2003 ca. 854 Mio. Menschen an Unterernährung litten.[2] Demgegenüber sind laut der Weltgesundheitsorganisation WHO ca. 1 Mrd. Menschen übergewichtig. Davon leiden ca. 300 Millionen an krankhafter Fettleibigkeit, Tendenz stei-

---

[1]   Auswärtiges Amt (1966), S. 5.
[2]   Vgl. FAO (2006), S. 8.

gend.[3] Diese prekäre Situation spitzte sich Anfang 2008 zu. In einer globalen Nahrungsmittelkrise kam es zu einem rasanten Preisanstieg von Grundnahrungsmitteln, der teilweise in gewaltsamen Unruhen mündete.

Diese bis dato einmalige weltweite Erscheinung soll in der vorliegenden Arbeit untersucht werden.

---

[3]   Vgl. WHO (2003), S. 1.

2. Die Nahrungsmittelkrise

Getreide ist im internationalen Agrarhandel von großer Bedeutung. Es dient nicht nur der Ernährung des Menschen, sondern auch der Erzeugung von veredelten Nahrungsmitteln wie Fleisch, Milch und Eiern.[4] Darüber hinaus wird es zur Herstellung von Biokraftstoffen genutzt.

Weizen, Reis und Mais gehören zu den am häufigsten angebauten Getreidesorten der Welt. Im weiteren Verlauf der Arbeit sollen diese mit dem Oberbegriff „Getreide" zusammengefasst werden. Unterschiedliche Getreidesorten werden in verschiedenen Regionen produziert und verzehrt. Als Gründe können klimatische sowie kulturelle Unterschiede ausgemacht werden.

Um die in der Einleitung erwähnte Preiserhöhung einordnen zu können, ist eine Analyse der Angebots- und Nachfragesituation unumgänglich. Exemplarisch werden anhand der Ernte des Jahres 2007 die Hauptproduzenten der jeweiligen Getreidesorten identifiziert. Um die Länder im internationalen Agrarhandel einordnen zu können, wird anschließend auf

---

[4]   Vgl. Ziai (2000), S. 54.

die Im- und Exporte eingegangen.

2.1 Getreide: Angebot und Nachfrage

Weizen rangiert mit rund 607 Millionen Tonnen an dritter Stelle der produzierten Getreidesorten. Wie Tabelle 1 verdeutlicht, produzieren die 15 größten Erzeuger ca. 80,7 % der weltweiten Weizenernte. Weizen wird vorzugsweise zur direkten Nahrungsmittelherstellung, als Viehfutter oder zur Biokraftstofferzeugung verwendet. Insgesamt war die EU mit rund 121 Mio. Tonnen Weizen der größte Weizenproduzent des Jahres 2007.

Rang	Land	Menge (in Tonnen)
1	China	109.860.350
2	Indien	74.890.000
3	USA	53.603.040
4	Russland	49.389.860
5	Frankreich	33.219.000
6	Pakistan	23.520.000
7	Deutschland	21.366.800
8	Kanada	20.641.100
9	Türkei	17.678.000
10	Kasachstan	16.500.000
11	Iran	15.000.000
12	Argentinien	14.000.000
13	Ukraine	13.800.000
14	Großbritannien	13.362.000
15	Australien	13.039.000
	Welt	607.045.683
	EU	121.011.294

Tab.1: Weizenproduzierende Länder 2007
(Quelle: FAOSTAT 2008)

Reis gehört zu den Hauptnahrungsmitteln der Menschen weltweit und ernährt rund 80 % der asiatischen Bevölkerung bzw. rund 50 % der Weltbevölkerung.[5] Mit einem Produktionsvo-

---

[5]   Vgl. Mai (2006).

lumen von 615 Mio. Tonnen lag Reis im Jahr 2007 an zweiter Stelle der angebauten Getreidesorten. Tabelle 2 zeigt die 15 größten Reisproduzenten der Welt, welche ca. 91,9 % der Reisernte 2007 erzeugten.

Rang	Land	Menge (in Tonnen)
1	China	187.040.000
2	Indien	141.134.000
3	Indonesien	57.048.558
4	Bangladesch	43.504.000
5	Vietnam	35.566.800
6	Myanmar	32.610.000
7	Thailand	27.879.000
8	Philippinen	16.000.000
9	Brasilien	11.079.849
10	Japan	10.970.000
11	USA	8.956.450
12	Pakistan	8.300.000
13	Ägypten	6.665.400
14	Kambodscha	5.995.000
15	Korea	5.959.500
	Welt	651.742.616
	EU	2.678.965

Tab. 2: Reisproduzierende Länder 2007
(Quelle: FAOSTAT 2008)

Mit ca. 784 Mio. Tonnen steht **Mais** an erster Stelle der weltweit produzierten Getreidesorten. Ähnlich wie Weizen wird Mais nicht ausschließlich für die Nahrungsmittelproduktion verwendet. Er dient vor allem den Industriestaaten als Futtermittel, sowie der Erzeugung von Biokraftstoffen. Entwicklungsländer hingegen nehmen Mais als Nahrungsmittel wahr.

Folgende Tabelle gibt eine Übersicht über die größten maisproduzierenden Länder, welche 86,6% der Ernte des Jahres 2007 erzeugten:

Rang	Land	Menge (in Tonnen)
1	USA	332.092.180
2	China	151.970.000
3	Brasilien	51.589.721
4	Mexiko	22.500.000
5	Argentinien	21.755.364
6	Indien	16.780.000
7	Frankreich	13.107.000
8	Indonesien	12.381.561
9	Kanada	10.554.500
10	Italien	9.891.362
11	Ungarn	8.400.000
12	Nigeria	7.800.000
13	Südafrika	7.338.738
14	Ägypten	7.045.000
15	Philippinen	6.730.000
	Welt	784.786.580
	EU	50.575.061

Tab. 3: Maisproduzierende Länder 2007
Quelle: FAOSTAT (2008)

Es gibt noch weitere Getreidesorten, die als Nahrungsquelle genutzt werden, allerdings spielen sie im Rahmen dieser Untersuchung aufgrund der relativ geringen Produktionsmengen eine untergeordnete Rolle und werden daher nicht weiter behandelt.

Abbildung 1 zeigt die Hauptgetreideexporteure des Jahres 2007. Die USA sind mit 49,49 %

der weltweit größte Getreideexporteur der Welt. Neben Weizen wird hauptsächlich Mais exportiert. Die EU liegt mit 6,39 % an dritter Position der größten Exportländer. Sie exportieren überwiegend Weizen. Insgesamt wurden 30,94 % der Getreideernte exportiert.[6]

---

[6]   In Anlehnung an Daten der USDA (2008).

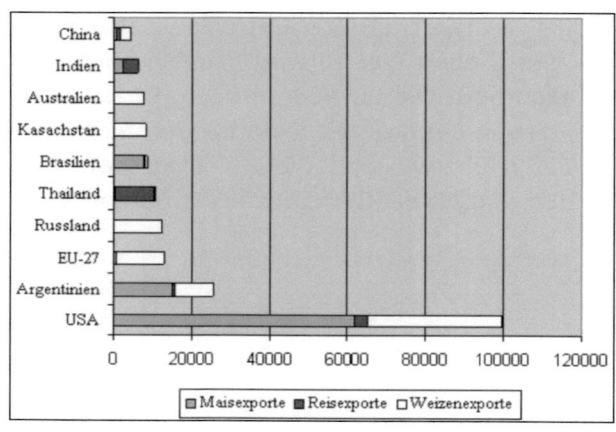

Abb. 1: Getreideexport 2007 (in 1000 Tonnen)
(In Anlehnung an Daten der USDA 2008)

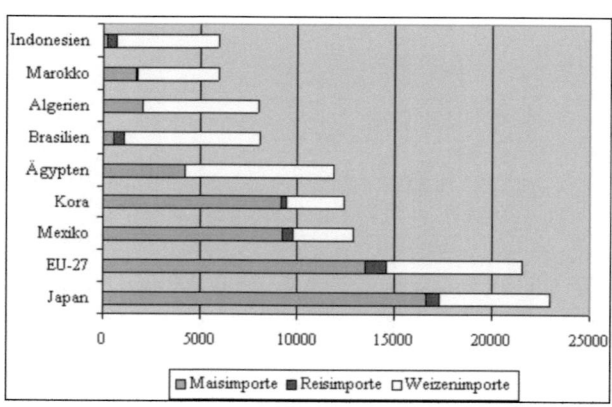

Abb. 2: Getreideimport 2007 (in 1000 Tonnen)
(In Anlehnung an Daten der USDA 2008).

Weiterhin kann festgestellt werden, dass zu

den größten Getreideexporteuren der Welt Industrie- und Schwellenländer gehören. Ihr Anteil beläuft sich auf 97,38 % aller Getreideexporte. Zu den weltweit größten Importeuren gehören laut Abbildung 2 ebenfalls Industrieländer, allerdings auch Entwicklungsländer wie Marokko oder Indonesien. Auffallend ist, dass die EU jeweils zu den größten Exporteuren und Importeuren zählt.

2.2 Entstehung der Krise

Wie Abbildung 3 zeigt, konnte von 1986 bis 2008 die Produktion von Getreide kontinuierlich gesteigert werden. Trotz der Produktionssteigerungen war ein Absinken der Lagerbestände zwischen 2007 und 2008 nicht zu verhindern. Die weltweiten Weizenvorräte waren zwischenzeitlich auf den niedrigsten Stand seit 25 Jahren gefallen. Wie Abbildung 4 darlegt, kam es schließlich im März 2008 zu einer drastischen Preiserhöhung. So stieg der Preis für Reis um ein Vielfaches, der Weizenpreis hatte sich nahezu verdreifacht. Insgesamt sind die Preise für Nahrungsmittel in den vergangenen drei Jahren um 83 % gestiegen.[7]

---

[7]   Vgl. Kamp et al. (2008).

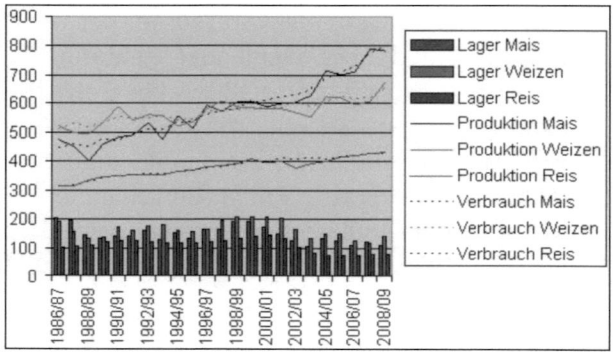

Abb. 3: Produktion/Verbrauch: Mais, Reis und Weizen (in Mio. Tonnen)

(In Anlehnung an Daten der USDA 2008, 2008/09 Prognose der USDA 2008)

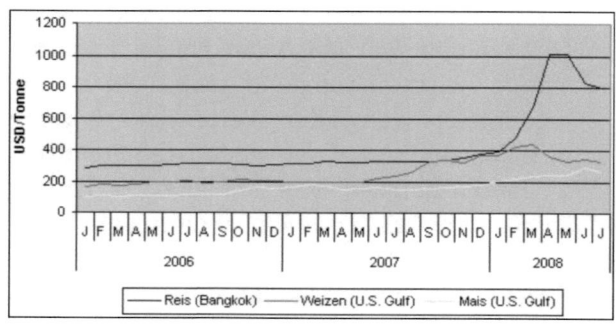

Abb. 4: Preise: Mais, Reis und Weizen (USD/Tonne)

(In Anlehnung an Daten der IMF 2008)

Im März 2008 machte die FAO in 37 Ländern (davon 21 aus Afrika) den Ausbruch einer Lebensmittelkrise ausfindig.[8] Der Nahrungsmittelpreisindex stieg nach Berechnungen der FAO von März 2007 bis März 2008 um 57 %.[9] Er errechnet sich aus dem Durchschnitt der Preisindizes von sechs verschiedenen Nahrungsmittelgütergruppen.[10]

Diese Entwicklung blieb nicht ohne Folgen. In fünfzehn Ländern, darunter bedeutende Agrarproduzenten, wurden Exportrestriktionen und Preiskontrollen verhängt, um die Auswirkungen der Krise im Inland abzumildern.[11] In Haiti kam es zu gewaltsamen Auseinandersetzungen, da sich Reis trotz Importvereinbarungen der örtlichen Regierung nicht verbilligt hatte.[12] Auch in Kamerun, Burkina Faso und Ägypten kam es zu Hungerunruhen. Singapur beschloss, seine Lebensmittelvorräte durch Reisimporte aufzustocken.[13] China und Indien verhängten ein Reisexportverbot, um die Versorgung der eigenen Bevölkerung zu gewähr-

---

[8]   Vgl. FAO (2008a), S. 2.
[9]   Vgl. FAO (2008b).
[10]   Vgl. FAO (2008a), S. 13.
[11]   Vgl. von Braun (2008), S. 5.
[12]   Vgl. Handelsblatt (2008).
[13]   Vgl. n-tv (2008).

leisten. Argentinien erhöhte die Exportsteuer auf Sojabohnen, Mais, Weizen und Fleisch. Äthiopien und Tansania verhängten ein Exportverbot auf Hauptgetreidesorten.[14]

Diese zum Teil besorgniserregenden Ereignisse werfen die Frage auf, wie es zu dem enormen Preisanstieg mit den daraus resultierenden Konsequenzen kommen konnte. Zwar deutete die Entwicklung des Lagerbestandes für Getreide auf eine Verknappung des Angebots hin. Dennoch gab es ähnliche Vorgänge auch schon in den vergangenen Perioden. Jährliche Produktionsschwankungen aufgrund von Witterungsverhältnissen waren durchaus üblich. Des Weiteren wurde eine Unterproduktion in der Vergangenheit durch eine Produktionsanpassung in den folgenden Perioden rasch ausgeglichen, weshalb nicht von einer dauerhaften Lebensmittelknappheit auszugehen war.[15]

Die Vermutung liegt nahe, dass ein Anstieg der Nachfrage für die Krise verantwortlich ist. Dennoch findet sich in der öffentlichen Diskussion eine Vielzahl von Gründen. Einige mögliche Ursachen sollen im Folgenden kurz aufge-

---

[14] Vgl. von Braun (2008), S. 5.

[15] Vgl. Erber/Petrick/Schlippenbach (2008), S. 359.

führt werden. Eine genauere Betrachtung findet erst in Kapitel 3 und 4 statt.

2.3 Mögliche Ursachen

Als eine mögliche Ursache werden häufig **Agrarsubventionen** genannt, welche vorwiegend in der Kritik der Entwicklungs- und Schwellenländer stehen. Sie bewirken, dass der Weltmarkt mit billigen Nahrungsmitteln versorgt wird. Was zunächst im Rahmen der Nahrungsmittelkrise positiv klingt, wirkt in den Augen vieler Kritiker ernüchternd. Denn durch das Angebot von Nahrungsmitteln zu Dumping-Preisen lohnt sich die Nahrungsmittelproduktion in Entwicklungsländern kaum. Ein unwirtschaftlicher Agrarsektor hat eine geringere Nahrungsmittelproduktion zur Folge. Diese Entwicklung wurde insbesondere durch die Agrarsubventionen der Industrieländer, hauptsächlich der EU und der USA, begünstigt werden.

Als weitere mögliche Ursache wird der **zunehmende Wohlstand** in Schwellenländern aufgeführt. Es wird argumentiert, dass durch höhere Einkommen eine Veränderung der Essgewohnheiten zu beobachten ist, welche zu mehr Konsum von veredelten Lebensmitteln wie Fleisch und Milchprodukten führt. Für die Herstellung dieser Güter wird wiederum verhältnismäßig viel Getreide benötigt.

Spekulationen an den Warenterminbörsen werden als weiterer Grund für die derzeitige Krise ausgemacht. Der steigende Wohlstand in Schwellenländern, die zunehmende Nutzung von Biokraftstoffen, das weltweite Bevölkerungswachstum, geringe Getreidelagerbestände sowie wetterbedingte Ernteausfälle – all dies sind Faktoren, die künftige Preissteigerungen vermuten lassen. Spekulanten erhofften sich aufgrund dieser Erwartungen enorme Gewinne und wetteten auf steigende Preise, wodurch die Preisvolatilität von Nahrungsmitteln verstärkt wird.

Der in den letzten Jahren extrem gestiegene Ölpreis, verursacht u.a. durch eine erhöhte Nachfrage der Schwellenländer, führte zu einer Suche nach alternativen Energieträgern. Als Alternative betrachten viele Länder die Nutzung von **Biokraftstoff**. Allerdings beansprucht die Produktion dieses Substitutionsgutes Getreide und Ackerland, welches der Nahrungsmittelproduktion entzogen wird. Die dadurch entstehende Verknappung des Nahrungsmittelangebots soll schlussendlich zu dieser Krise geführt haben.

Nicht alle möglichen Ursachen werden im Rahmen dieser Arbeit einer expliziten Analyse unterzogen. Der Schwerpunkt liegt in dem nun folgenden Kapitel bei den Agrarsubventionen. Dabei stehen insbesondere Unterstützungen der EU und der USA im Vordergrund der Diskussion. Dennoch sollen die darüber hinausgehenden Erklärungsansätze nicht vernachlässigt werden, weshalb sie in Kapitel 4 neben den Agrarsubventionen ebenfalls vor dem Hintergrund der Nahrungsmittelkrise bewertet werden.

3. Agrarpolitik und Subventionen in EU und USA

Der Agrarsektor wird in fast allen Ländern durch starke staatliche Eingriffe reglementiert.[16] Die Gründe werden in den nun folgenden Abschnitten erläutert. Zu Beginn werden theoretische Hintergründe behandelt. Neben Definitionen und ökonomischen Begründungen werden Wirkungen und Folgen der **Agrarpolitik**, insbesondere das Instrument der **Subventionen**, anhand der Besonderheiten des Agrarsektors vorgestellt. Das darauf folgende Unterkapitel beschäftigt sich mit der Agrarpolitik in der EU und den USA. Anhand von Kennzahlen wird ein Einblick in die Agrarsubventionen der OECD-Länder, insbesondere in den USA und der EU, gewährt. Anschließend findet eine kritische Bewertung der vorgestellten Agrarsubventionen im Bezug auf den Agrarhandel statt.

3.1 Theoretischer Hintergrund

Agrarpolitik ist „die Gesamtheit aller Bestrebungen, Handlungen und Maßnahmen, die

---

[16]   Vgl. Koester (2005), S. 203.

darauf abzielen, den Ablauf des agrarmarktpo-
litischen Geschehens in einem Bereich zu ord-
nen, zu beeinflussen oder unmittelbar festzu-
legen."[17] Dies geschieht durch staatliche Eingriffe in den Agrarmarkt, mit der ökonomischen Rechtfertigung, die Ressourcennutzung
in einer Volkswirtschaft effizienter (im Sinne
der Produktivität) zu gestalten.[18] Durch eine
Stabilisierung der Preise kann das Risiko der
Landwirte begrenzt werden, wodurch diese die
Produktion risikobehafteter Güter ausdeh-
nen.[19] Dazu müssen sowohl die Nachfrage- als
auch die Angebotsseite betrachtet werden.
Die Nachfrageseite kann durch das Engelsche
Gesetz charakterisiert werden, wonach die
absoluten Ausgaben für Nahrungsmittel bei
steigendem Haushaltseinkommen zunehmen,
die relativen Nahrungsmittelausgaben jedoch
abnehmen.[20] Es handelt sich bei Nahrungsmitteln also um ein inferiores Gut.[21] Bedingt durch
den Anstieg der Haushaltseinkommen in den
USA sowie in der EU ist die Einkommenselasti-
zität der Nachfrage nach landwirtschaftlichen

---

[17]   Koester (2005), S. 346.
[18]   Vgl. Koester (2005), S. 242-243.
[19]   Vgl. Koester (2005), S. 184.
[20]   Vgl. Anderegg (1999), S. 109.
[21]   Vgl. Ott (1992), S. 95.

Gütern sehr gering, so dass die absolute Nachfrage trotz steigender Einkommen stabil geblieben ist.[22] Darüber hinaus führt der relativ geringe Bevölkerungsanstieg in den USA sowie in der EU nicht zu einem bedeutenden Anstieg des Absatzes landwirtschaftlicher Erzeugnisse.[23] Die Einkommen der Landwirte steigen im Vergleich zur restlichen Bevölkerung nur sehr langsam, was einen Markteingriff zur Einkommensunterstützung rechtfertigen kann.[24] Des Weiteren werden die Befriedigung lebensnotwendiger Bedürfnisse durch die Landwirtschaft, einkommens- und investitionshemmende klimatische Veränderungen sowie die zentrale Bedeutung der Landwirtschaft im ländlichen Raum als weitere Markteingriffsargumente genannt.[25]

Eine agrarökonomische Analyse findet jedoch meist auf der Angebotsseite des Marktes statt.[26] Zwischen der Produktionsentscheidung und der eigentlichen Produktion liegt ein großer zeitlicher Unterschied, was dazu führt,

---

[22] Vgl. Schwarz (2004), S. 19.
[23] Vgl. Kay (1998), S. 12.
[24] Vgl. Amtsblatt der Europäischen Union (2008), Artikel 39, Absatz 1, b.).
[25] Vgl. Loseby/Piccinini (2001), S. 4.
[26] Vgl. Schwarz (2004), S. 20.

dass oft ein zu hohes bzw. zu niedriges Angebot herrscht, wodurch die Einkommen im Agrarsektor sehr instabil sind.[27] Aufgrund einer mangelnden intersektoralen Mobilität des Faktors Arbeit in der Landwirtschaft blieb eine Marktbereinigung aus, wodurch ein Eingriff des Staates notwendig wurde.[28]

Subventionen sind neben Preisstützung, Mengensteuerung und Einkommensübertragungen im Bereich der landwirtschaftlichen Markt- und Preispolitik von entscheidender Bedeutung.[29] In der Literatur existiert eine Vielzahl von Definitionen des Subventionsbegriffes. Krol und Schmid differenzieren zwei Subventionsbegriffe: Sie unterscheiden zwischen einer „engen" und einer „weiten" Definition.
Subventionen nach enger Definition sind alle Geldzahlungen der öffentlichen Hand, die ohne Gegenleistung an Unternehmen fließen. Eingriffe des Staates in die Marktwirtschaft umfassen die weite Definition.[30] Letztere soll hier bevorzugt werden, um aus den Wirkungen aller staatlichen Maßnahmen auf etwaige Sub-

---

[27]   Vgl. Kay (1998), S. 12.
[28]   Vgl. Kay (1998), S. 13.
[29]   Vgl. Koester (2005), S. 347.
[30]   Vgl. Krol, Schmid (2002), S. 401.

ventionstatbestände zurückschließen zu können.

Der Agrarsektor wird nach Koester von drei Subventionsarten dominiert:

- Eine *produktgebundene* Subvention ist eine Subvention, die an die Produktionsmenge gebunden ist.

- Unter einer *faktorgebundenen* Subvention versteht man Zahlungen, welche nicht direkt an eine Produktion gekoppelt sind.

- *Personengebundene* Subventionen spielen heute eine geringe Rolle und werden in dieser Arbeit nicht weiter betrachtet.[31]

Eingriffe des Staates in den Markt mit Hilfe von Subventionen folgen in der Regel Preis- und Mengeneffekte. Eine Subvention pro produzierte Mengeneinheit soll anhand der Abbildung 5 erläutert werden:

---

[31]   Vgl. Koester (2005), S. 347-348.

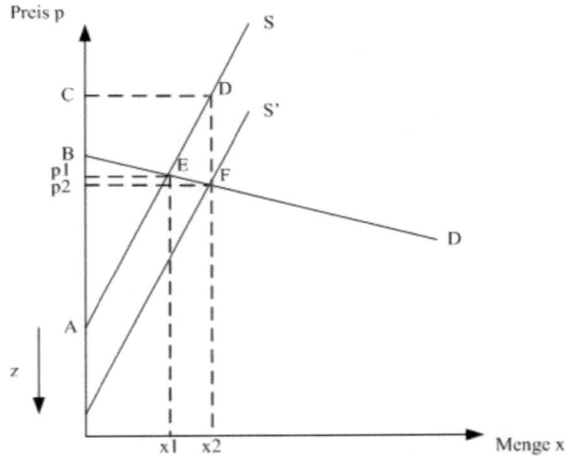

Abb. 5: Subventionen: Preis- & Mengeneffekte
(In Anlehnung an Cezanne 2005, S. 180)

Die Gerade D bezeichnet die Nachfragefunktion, S stellt die Angebotsfunktion ohne Subventionen dar. Die Subventionierung in Höhe von z führt zu einer Veränderung der Grenzkosten der Produzenten, was sich durch eine Verschiebung der Angebotskurve um den Subventionssatz z nach unten äußert.[32] Subventionen haben folglich zwei Wirkungen: eine *Produktionsausdehnung inklusive Preissenkung*, so-

[32]   Vgl. Heertje/Wenzel (2008), S. 461.

wie einen *Wohlfahrtsverlust*.[33]
So steigt die Produktion von x_1 auf x_2. Der Preis sinkt von p_1 auf p_2. Dadurch drückt der Staat den Marktpreis und stimuliert die Produktion sowie den Verbrauch. Das Ausmaß dieser Wirkung hängt von den Angebots- und Nachfrageelastizitäten ab. Koester bemerkt: „Je nach den Preiselastizitäten von Angebot und Nachfrage wird die Subvention mehr zu einer Begünstigung der Konsumenten oder Produzenten führen."[34]

In der obigen Zeichnung liegen eine hohe Nachfrage- sowie eine geringe Angebotselastizität vor. Durch die Subventionszahlung in Höhe von z wird ersichtlich, dass diese bei gegebenen Elastizitäten zu einer großen Produktionsausdehnung und einer verhältnismäßig geringen Preissenkung führt.

Des Weiteren führt die Subvention zu einem Wohlfahrtsverlust. Im Gleichgewicht F entspricht die Konsumentenrente der Fläche p_1CE. Durch die Subvention steigt die der Konsumentenrente auf die Fläche p_2CF. Die Produzentenrente steigt von Ap_1E auf das Dreieck ABD. Der Staat muss für die Zuwächse Ausgaben in Höhe der Fläche p_2BDF entrichten. Die-

---

[33]   Vgl. Cezanne (2005), S. 180.
[34]   Vgl. Koester (2005), S. 363.

se übersteigen die Summe der Konsumenten- und Produzentenrente um die Fläche DEF. Die Subventionszahlungen sind somit höher als die Rentenzuwächse. Aufgrund dieser preis- und wohlfahrtstheoretischen Überlegungen kann geschlussfolgert werden, dass Subventionen per Saldo nur Nachteile haben.[35]

Trotz dieser Erkenntnis werden Subventionen gezahlt. Der Staat versucht, dadurch Mangelerscheinungen des Marktmechanismus, wie z.B. externe Effekte[36], mangelnde Bereitstellung von Kollektivgütern oder ungerechte Einkommensverteilungen zu beheben.[37] Die Agrarpolitik dient hier u.a. der Rechtfertigung staatlicher Aktivitäten.

3.2 Agrarpolitik und Agrarsubventionen

Die **Agrarpolitik** ist in den USA und in der EU von unterschiedlichen Ausgangsbedingungen in geographischer, sozialer, wirtschaftlicher und historischer Hinsicht geprägt.[38]

---

[35]   Vgl. Cezanne (2005), S. 180-181.
[36]   Vgl. Fritsch/Wein/Ewers (2005), S. 120-121.
[37]   Vgl. Cezanne (2005), S. 181.
[38]   Vgl. Schmitt (1988), S. 256.

Die Wurzeln der *europäischen Agrarpolitik* reichen bis in die Jahre nach dem Zweiten Weltkrieg zurück. Geprägt von Unterernährung und Hunger beschlossen die damaligen Regierungen 1963 im begonnenen GAP, mehr Nahrungsmittel zu produzieren, um eine Selbstversorgung zu erreichen. Ziel war es, die Produktivität der landwirtschaftlichen Arbeitskräfte und Flächen zu erhöhen. Dafür wurde eine Reihe von Maßnahmen ergriffen, die zum Teil heute noch, in etwas abgeänderter Form, gelten. In der EU sind die für die Landwirtschaft wichtigen Ziele in Art. 33 des EG-Vertrages verankert. Nach wie vor gilt es, die Steigerung der landwirtschaftlichen Produktivität, die Gewährleistung einer angemessenen Lebenshaltung für die landwirtschaftliche Bevölkerung, die Stabilisierung der Märkte, die Sicherstellung der Versorgung und die Sicherung angemessener Verbraucherpreise zu verwirklichen.[39]

Die Reihenfolge der Ziele lässt die Schlussfolgerung zu, dass die Produktivitätssteigerung in der Landwirtschaft als oberstes Ziel gesehen wird, mittels dessen die anderen Ziele erreicht

---

[39] Vgl. Amtsblatt der Europäischen Union (2008), S. 16-17.

werden sollen.[40]

Die *Agrarpolitik der USA* begann während der Einkommens- und Finanzkrise in den 20er Jahren mit einem Eingriff in den Agrarmarkt. Anders als in Europa litt das amerikanische Volk nicht an akuten Hungerkrisen. Ging es in Europa hauptsächlich um Produktionssteigerungen, so war das anfängliche Ziel der amerikanischen Agrarpolitik die ökonomische Unterstützung der Landwirte, um diese bspw. vor Einkommens- und Finanzkrisen zu schützen.[41] Aufgrund der vergleichsweise reichlich zur Verfügung stehenden Agrarflächen spielt der Agrarsektor für die USA heute eine ernstzunehmende außenwirtschaftliche Rolle.[42] Prinzipiell unterscheiden sich die Ziele der Agrarpolitik in der EU und den USA nicht.[43] Beide fokussieren den Schutz der Einkommen der Landwirte, sowie eine Steigerung der Produktion. Letzteres ist in den USA hinsichtlich der Exporte von zunehmender Bedeutung.

---

[40] Vgl. Schwarz (2004), S. 24.

[41] Vgl. Haas (2007), S. 13.

[42] Siehe dazu den beträchtlichen Getreideexportanteil in Abbildung 1.

[43] Vgl. Schmitt (1988), S. 262.

Zur Beurteilung der *Subventionen* schuf die OECD Indikatoren, die eine genauere Analyse der Subventionszahlungen ermöglichen. Eine Auswahl dieser Kennzahlen wird im Folgenden vorgestellt: [44]

- Der **PSE** (Producer Support Estimate) gibt den jährlichen Einkommensanteil der Transferzahlungen am Gesamteinkommen der Agrarproduzenten an.

- Der **NPC** (Producer Nominal Protection Co-efficient) beschreibt das Verhältnis zwischen dem durchschnittlichen Produktionspreis (inkl. Beihilfen/Tonne) und dem Weltmarktpreis. Der durchschnittliche NPC für OECD-Staaten lag bspw. im Jahre 1986 bei 1.54. Somit können die inländischen Produzenten einen um 54 % höheren Preis als den am Weltmarkt üblichen Preis verlangen.

- Der **NAC** (Consumer Nominal Assistance Co-efficient) beschreibt das Verhältnis zwischen Bruttoeinnahmen aus inländischer Agrarproduktion inkl. Beihilfen und den möglichen Einnah-

---

[44] Vgl. OECD Glossary (2008).

men bei Weltmarktpreisen ohne Beihilfen. Liegt der Wert wie im Jahre 2007 bspw. bei 1.63, so wären die Einnahmen um 63 % höher, als sie bei Weltmarktpreisen (ohne Beihilfen) gelegen hätten.

- Der **TSE** (Total Support Estimate) ist ein Indikator für den jährlichen Geldwert aller Bruttoabgaben von Steuerzahlern und Konsumenten, die sich durch politische Maßnahmen ergeben und die Landwirtschaft unterstützen, ohne die dazugehörigen haushaltsmäßigen Einnahmen, egal welche Ziele und Einfluss sie auf die landwirtschaftliche Produktion und Einkommen oder den Konsum von landwirtschaftlichen Gütern haben. Der TSE misst somit den Anteil aller Transferzahlungen zugunsten der Landwirtschaft.

Abbildung 6 stellt den Verlauf der OECD-Beihilfe Indikatoren PSE, NAC sowie NPC von 1986 bis 2007 dar. Auffallend ist die ab 2002 anhaltend sinkende Tendenz aller Indikatoren.

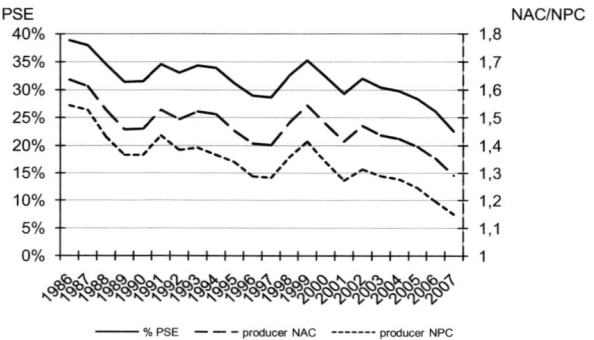

PSE   NAC/NPC

───── % PSE   ─ ─ ─ producer NAC   ------- producer NPC

Abb. 6: Verlauf OECD-Beihilfe-Indikatoren: PSE, NAC und NPC
(Quelle: OECD Database 2008[45])

Der PSE des Jahres 1986 sank von 37 % auf 26 % im Jahr 2007. Dies ist der niedrigste Wert, seitdem die OECD diesen Indikator beobachtet. Des Weiteren ist zu bemerken, dass heute ca. ¼ der Agrareinkommen aus Transferleistungen bestehen. Eine Verringerung des NAC kann ebenfalls festgestellt werden. Lag dieser Wert im Jahr 1986 noch bei 1.63, so sank der NAC im Jahr 2007 auf 1.29. Folglich waren die Einnahmen im Jahr 2007 um 29 % höher, als sie bei Weltmarktpreisen ohne Beihilfen gelegen hätten. Der NPC sank von 1.54 im Jahr

---

45   Vgl. OECD (2008a), S. 18.

1986 auf 1.14, was der größten Reduktion aller Indikatoren entspricht. Somit verlangten die inländischen Produzenten lediglich einen um 14 % höheren Preis als unter Weltmarktbedingungen.

Innerhalb der OECD fallen die Beihilfen unterschiedlich aus: Zwischen 2005 und 2007 bestand, wie Abbildung 7 verdeutlicht, das landwirtschaftliche Einkommen in der EU zu 29 % aus Agrarsubventionen, wohingegen das Einkommen der Landwirte in den USA mit 12 % wesentlich geringer unterstützt wurde.[46]

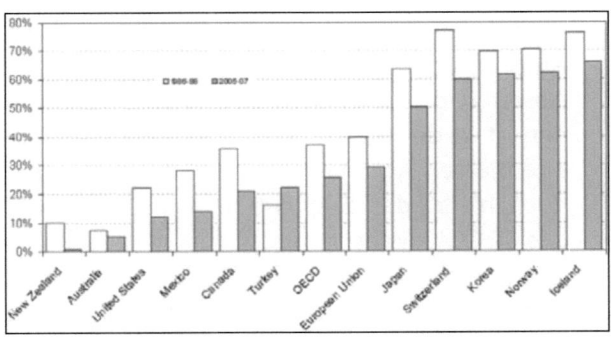

Abb. 7: Länderbezogener PSE (in Prozent der landwirtschaftlichen Bruttoeinnahmen)
(Quelle: OECD Database 2008[47])

---

[46]   Vgl. OECD (2008a), S. 21-22.
[47]   Vgl. OECD (2008a), S. 26.

Die EU liegt somit über dem Durchschnitt der OECD Länder. Dies lässt darauf schließen, dass das bereits oben erwähnte Ziel der EU, für eine angemessene Lebenshaltung der Landwirte Sorge zu tragen, immer noch ein fester Bestandteil der Agrarpolitik ist.

Darüber hinaus betrug der NPC in der EU in der Periode 2005-07 lediglich 1.19, womit im Vergleich zur Periode 1986-88 mit 1.76 eine erhebliche Senkung der Preisdifferenz zu beobachten ist. Die landwirtschaftlichen Einnahmen (NAC) lagen um 42 % höher als sie mit Weltmarktpreisen erreicht worden wären. Aufgrund der Reformbestrebungen sowie der Absenkung handelsverzerrender Subventionen ist in der EU zu einer zunehmend marktorientierten Agrarpolitik zu beobachten. Dennoch bleibt das Subventionsniveau oberhalb des OECD-Durchschnitts.[48]

Der NPC in den USA befand sich während der Periode 2005-07 lediglich bei 1.05, und liegt damit weit unterhalb des entsprechenden Wertes der EU. Dennoch ist die Verringerung des Wertes verhältnismäßig gering. So lag der

---

[48]   Vgl. OECD (2008a), S. 64.

Wert in der Periode 1986-88 bei 1.14. Insgesamt waren auch in den USA ein Absinken der Subventionen sowie protektionistischer Maßnahmen zu beobachten. Mit ihren relativ geringen Produzentensubventionen liegen die USA weit unterhalb des OECD-Durchschnitts auf dem drittletzten Platz.[49] In absoluten Zahlen gemessen stieg der TSE in den USA von 58 Mrd. EUR in 1986-88 auf 79 Mrd. EUR in 2005-07. Gemessen am BIP der jeweiligen Perioden war allerdings ein Rückgang von 1,34 % auf 0,77 % zu verzeichnen.[50] In der EU stieg der TSE von 102 Mrd. EUR auf 117 Mrd. EUR. Dies entsprach einem Rückgang von 2,69 % auf 1,02 % bezogen auf das jeweilige BIP.[51]

Betrachtet man die Entwicklung der Subventionen in der EU sowie in den USA, so ist eine sinkende Tendenz zu beobachten. Fasst man die oben aufgeführten durchschnittlichen Beihilfen des Zeitraums 2005-07 zusammen, so erhält man dennoch eine beachtliche Summe von 196 Mrd. EUR.

Doch welche Effekte gehen mit derartigen

---

[49]   Vgl. OECD (2008a), S. 84.
[50]   Vgl. OECD (2008a), S. 93.
[51]   Vgl. OECD (2008a), S. 93.

Zahlungen einher? Um diese Frage beantworten zu können, wird im Folgenden auf die Bedeutung der Agrarsubventionen für den internationalen Handel eingegangen. Anschließend werden die Agrarsubventionen einer allgemeinen Bewertung unterzogen.

3.3 Bewertung der Agrarsubventionen

Zunächst ist generell festzustellen, dass Länder durch Handel profitieren, da sie Güterkombinationen konsumieren können, die ohne Handel nicht möglich wären. Durch Handel kann die Produktion auf bestimmte Gütergruppen spezialisiert werden, bei denen sich komparative Kostenvorteile ergeben. Dadurch können andere Güter erworben werden, die selbst nicht hergestellt werden können.[52] Eine Steigerung der Wohlfahrt kann daher nur durch Freihandel erfolgen. Eingriffe, bspw. in der Form einer Exportsubvention, können die gesamtwirtschaftliche Wohlfahrt verringern. Dies soll anhand von Abbildung 8 verdeutlicht werden.[53]

---

[52] Vgl. Krugman/Obstfeld (2006), S. 54-56.
[53] Vgl. Krugman/Obstfeld (2006), S. 277.

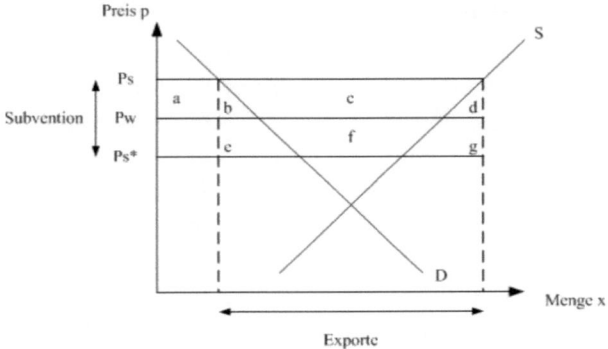

Abb. 8: Auswirkungen einer Exportsubvention
(In Anlehnung an Krugman/Obstfeld (2006), S. 252.

Eine Exportsubvention ist eine Zahlung an ein Unternehmen, das ein Gut ins Ausland liefert. Sie kann entweder nach einer Menge oder einem Wert bestimmt sein.[54]

Folgende Preise werden betrachtet: Der Weltmarktpreis vor Zahlung der Subvention P_w, der Weltmarktpreis nach Zahlung der Subvention P_s^* und der Preis im exportierenden Land nach Zahlung der Subvention P_s. Im exportierenden Land steigt aufgrund der Zahlung einer Exportsubvention der Preis von P_w auf P_s. Unter der Annahme, dass es sich in dem Fall um ein großes Land handelt, beeinflusst der Export

---

[54]   Vgl. Krugman/Obstfeld (2006), S. 252.

den Weltmarktpreis. Dieser fällt von P_w auf P_s^*. Dadurch leiden die Konsumenten, gewinnen die Produzenten und verliert der Staat, weil er für die Subvention aufkommen muss. Die Fläche a + b kann als Verlust der Konsumenten betrachtet werden. Der Gewinn der Produzenten umfasst die Fläche a + b + c. Die staatliche Subvention entspricht der Fläche b + c + d + e + f + g (Exporte x Subventionen). Zusammenfassend führt dies zu einem Gesamtwohlfahrtsverlust in Höhe von b + d + e + f + g. Der Terms-of-Trade-Verlust beläuft sich auf e + f + g, da die Exporte den Preis im ausländischen Markt senken. [55]

Krugmann und Obstfeld kommen zu dem Ergebnis, dass eine Exportsubvention Kosten erzeugt, die über ihren Nutzen hinausgehen.[56] Die Weltbank schätzt, dass Agrarprotektionen der Industriestaaten in den Entwicklungs- und Schwellenländern zu jährlichen Wohlfahrtsverlusten von rund 20 Mrd. USD führen.[57] Durch das Preisdumping der Industriestaaten sinken das Weltpreisniveau und somit das Einkommen der ausländischen Landwirte, welche

---

[55]   Vgl. Krugman/Obstfeld (2006), S. 252.
[56]   Vgl. Krugman/Obstfeld (2006), S. 252.
[57]   Vgl. Kamp et al. (2008), S. 2.

keine Beihilfen erhalten. Dies mündete in der Vergangenheit in einen bizarren Subventionswettlauf der Überschussländer. Denn jede Weltmarktpreissenkung musste mit Beihilfen kompensiert werden. Die Subventionsspirale führte zu erheblichen Fehlallokationen von Ressourcen.[58]

Des Weiteren stehen die Verteilungswirkungen einer Agrarsubvention im Widerspruch zu weit verbreiteten Gerechtigkeitsvorstellungen.[59] So kann einem Bürger nur schwer vermittelt werden, dass dieser durch Steuergelder Unternehmen subventionieren soll, die Produkte unter hohen Kosten herstellen, obwohl dessen Kauf zu internationalen Preisen weitaus günstiger wäre.

Subventionen, die von der Produktion entkoppelt sind und somit keine *produktgebundene Subvention* darstellen, haben einen geringen Einfluss auf den Agrarmarkt. Sie erlauben es den Landwirten, unabhängig von etwaigen Subventionszahlungen Produktionsentscheidungen zu treffen. Dies führt zu marktorientierten Unternehmenspolitiken. Außerdem

---

[58]   Vgl. Anderegg (1999), S. 260.
[59]   Vgl. Fritsch/Wein/Ewers (2005), S. 148.

gelten diese Subventionen als effizienter, um die Einkommen der Agrarproduzenten zu erhöhen.[60] Auch in der EU verfolgt man die Einführung von produktionsentkoppelten Beihilfen. Sie werden zunehmend durch *faktorgebundene* Subventionen ersetzt. In den USA sind bereits 50 % aller Transferzahlungen an die Landwirte von der Produktion entkoppelt. Die von der Produktion entkoppelten Zahlungen machten im Jahr 2007 33 % des PSE in den USA, sowie 43 % des PSE in der EU aus.[61]

Auch wenn die in Kapitel 3.2 beschriebenen abnehmenden Subventionen in den USA und der EU suggerieren, dass die Überschussländer der nachteiligen Wirkung der Subventionen entgegenwirken wollen, so wurde der Subventionsrückgang doch eher durch andere Faktoren ausgelöst. Tatsächlich sind die Subventionen aufgrund der weltweit gestiegenen Nahrungsmittelpreise nicht mehr in dieser Höhe notwendig. Ausfuhrerstattungen, die den Preisunterschied zwischen hohen Binnenlandspreisen und den niedrigen Weltmarktpreisen ausgleichen, sinken durch geringere

---

[60]   Vgl. OECD (2008a), S. 29.
[61]   Vgl. OECD (2008a), S. 26.

Preisunterschiede.[62] Agrarprodukte können fast kostendeckend verkauft werden und müssen nicht wie zuvor durch Subventionen verbilligt werden.[63] Trotz dieser Entwicklung wäre bspw. ohne die Beihilfen aus Brüssel die Wettbewerbs- und Lebensfähigkeit vieler EU Landwirte mehr als fraglich.[64] Die Regierung verzögert durch ihre Agrarpolitiken die unausweichlichen Strukturanpassungen in den Agrarsektoren.

Die Bewertung der Agrarsubventionen macht deutlich, welche Probleme durch Beihilfen im internationalen Handel entstehen und welchen Einfluss die Agrarpolitik auf die Agrarsektoren anderer Länder hat. Agrarsubventionen beeinflussen den Markt und die Gesellschaft im In- und Ausland. Sie sorgen für allokative Verzerrungen, Verteilungsproblematiken, Markteintrittsbarrieren und gesamtwirtschaftliche Wohlfahrtsverluste.[65]

---

[62] Vgl. OECD (2007), S. 18.
[63] Vgl. Grabowsky (2008).
[64] Vgl. WiSu (2008a), S. 784
[65] Vgl. FAO (2008c), S. 7.

Im nächsten Kapitel soll erklärt werden, welche Faktoren entscheidend zur Nahrungsmittelkrise beigetragen haben.

4. Analyse möglicher Ursachen der Nahrungsmittelkrise

Unter dem Motto „Hunger entsteht nicht, Hunger wird gemacht." kämpfen viele Organisationen gegen die weltweite Unterernährung. Doch wurde die Krise einer gescheiterten Agrarpolitik von Industrie- oder gar Entwicklungsländern verschuldet? Oder gibt es weitere Gründe, die zu einer globalen Nahrungsmittelkrise führten? Die möglichen Ursachen scheinen komplex. Für die Mehrheit der Bürger der EU steht fest: Schuld daran ist die Agrarpolitik.[66]

4.1 Agrarsubventionen

„Es gibt keinen Zusammenhang zwischen EU-Agrarsubventionen und dem Anstieg der Lebensmittelpreise oder der Lebensmittelknappheit in Entwicklungsländern"[67]

Michael Mann, Sprecher der EU Agrarbehörde

Die EU ist der bedeutendste Handelspartner der afrikanischen Staaten, ihr größter Export-

---

[66]   Vgl. Hagedorn (2008).
[67]   Vgl. Hagedorn (2008).

markt und ihr größter Geber an Entwicklungs-
hilfe. Für Entwicklungsländer sind die Agrarexporte im Vergleich zu den Exporten aller
anderen Güter besonders bedeutend.[68] Die
Landwirtschaft ist für die Binnenwirtschaft der
Entwicklungsländer weitaus wichtiger als für
die der Industrieländer, weil sie einen Großteil
des dortigen Volkseinkommens ausmacht,
teilweise über 90 % der Bevölkerung in diesem
Sektor beschäftigt sind und in der Landwirtschaft ein Großteil der Wertschöpfung erwirtschaftet wird.[69]

Durch die Subventionspolitik der Industriestaaten wird der Weltmarktpreis niedrig gehal-
ten. Dies reduziert das Exporteinkommen der
Landwirte aus Entwicklungsländern, was zu
jährlichen Einkommenseinbußen in Höhe von
100 Mrd. USD führt.[70]

Da in vielen afrikanischen Ländern die Bauern
nicht mit billigen, hochsubventionierten landwirtschaftlichen Produkten der Industriestaaten konkurrieren können, kommt es verstärkt
zur Abhängigkeit von Importen. Zum Beispiel
konnten Obst und Gemüse um ein Drittel

---

[68]   Vgl. Gotsch/Herrmann/Peter, S. 11-12.
[69]   Vgl. Weltbank (1997), S. 252-253.
[70]   Vgl. WiSu (2008a), S. 785.

günstiger erworben werden als einheimische Produkte.[71] Auf kurze Sicht profitieren die Konsumenten zwar von günstigen Preisen, allerdings verlieren inländische Landwirte Marktanteile. Dies führt zu einem Schrumpfen des Agrarsektors bzw. einer Verdrängung einheimischer Landwirte aus lokalen Märkten.[72] Des Weiteren verschlechtern fallende Preise die terms-of-trade der rohstoffexportierenden Länder.[73] Diese Verschlechterung ist für die Länder Afrikas besonders schwerwiegend, da sie aufgrund mangelnder Kapitalgüterproduktion auf den Import von Vorprodukten und Maschinen angewiesen sind, welche sich mit fallenden terms-of-trade für sie verteuern.[74] 70 bis 80 % der afrikanischen Länder sind mittlerweile auf die Einfuhr von Lebensmitteln angewiesen.[75] Das Wachstum der agrarisch geprägten afrikanischen Volkswirtschaften und die Existenzgrundlage der Landwirte werden durch die Lebensmittelimporte langfristig gefährdet.[76] Hurungo betont: „Ohne einen

---

[71] Vgl. Harbou/Schneider (2008), S. 1.
[72] Vgl. Bertow/Schultheis (2007), S. 27.
[73] Vgl. Ziai (2000), S. 54.
[74] Vgl. Schwarz (2004), S. 38.
[75] Vgl. Harbou/Schneider (2008), S. 1.
[76] Vgl. Harbou/Schneider (2008), S. 1.

zukunftsfähigen einheimischen Agrarsektor werden Entwicklungsländer von Importen abhängig sein, die ihrer Gesundheit, der Ernährung sowie ökologischen und kulturellen Normen zuwiderlaufen."[77]

Deshalb konstatiert Thierry Kesteloot, Sprecherin der Hilfsorganisation Oxfam:

„Subventionen, die dazu dienen, die Wettbewerbsfähigkeit auf den internationalen Märkten auszubauen, haben die Entwicklung einer eigenständigen Landwirtschaft in Entwicklungsländern verhindert."[78]

Zusammenfassend kann die Nahrungsmittelkrise durchaus als Folge der Agrarsubventionen betrachtet werden. Sie sind aber nicht allein dafür verantwortlich.

Agrarsubventionen haben den Aufbau leistungsfähiger Agrarsektoren in Entwicklungsländern erheblich erschwert. Die Agrarpolitik der USA und der EU, die in eine Überschwemmung des Weltmarktes mit billigen Agrarprodukten mündete, führte nicht nur zur Aufgabe

---

[77]   Vgl. Hurungo (2006), S. 21.
[78]   Vgl. Hagedorn (2008).

von landwirtschaftlicher Produktion in Entwicklungsländern. Sie entzog vielen Menschen ihre Lebensgrundlage und führte sie in eine tiefe Abhängigkeit von Importen. Aus eigener Kraft können sich diese Länder, deren Agrarstrukturen verkümmerten, vor einer derartigen Krise nicht schützen. Es bedarf nicht nur eines Zugangs zu ausländischen Märkten, sondern auch eines Zugangs zu neueren Methoden des landwirtschaftlichen Ackerbaus. Den Entwicklungsländern muss die Möglichkeit geboten werden, an den wohlstandsfördernden Handel der Welt teilzuhaben.

Die aktuelle Nahrungsmittelkrise bietet auch die Chance, die weltweite Agrarpolitik den neuen Gegebenheiten anzupassen. Durch den weiteren Abbau der Marktinterventionen, insbesondere in Industriestaaten, kann die Volatilität auf den Weltmärkten für Nahrungsmittel reduziert werden.[79] Steigende Weltmarktpreise machen die Landwirtschaft auch in Entwicklungsländern profitabler.

Allerdings wird der Marktzutritt der Entwicklungsländer behindert. Hinter der Forderung

---

[79]   Vgl. Hubbard/Lingard (1991), S. 252-255.

der Industrieländer, gewisse Sozialstandards (Arbeitszeiten) und Umweltauflagen einzuhalten, vermuten viele Entwicklungsländer einen versteckten Protektionismus. Den Landwirten soll der Zugang zu Märkten der Industriestaaten durch die Einhaltung gewisser Normen, welche in Entwicklungsländern nur schwer einzuhalten sind, verwehrt werden. Dadurch wird der mögliche Profit, welcher aus gestiegenen Weltmarktpreisen resultieren könnte, erheblich eingeschränkt.[80]

Nachdem die Agrarsubventionen im Rahmen der Nahrungsmittelkrise eingeordnet wurden, befasst sich das folgende Kapitel mit den Auswirkungen des zunehmenden Wohlstands.

4.2 Zunehmender Wohlstand

„Eine erhebliche Steigerung des Einkommens in Entwicklungsländern hat nicht zu einer großen Erhöhung des weltweiten Verbrauchs von Getreide geführt und ist kein wichtiger Faktor für die starken Preissteigerungen."[81]

Donald Mitchell, Ökonom

---

[80] Vgl. Popovic (2002), S. 23-25.

[81] Übersetzt nach Mitchell (2008), S. 11.

Als weitere Ursache für die Nahrungsmittelkrise wird der zunehmende Wohlstand in Entwicklungs- und Schwellenländern genannt. Durch steigende Einkommen, wie bspw. in China oder Indien, entsteht eine zahlungskräftige Mittelschicht, wodurch die Nachfrage nach veredelten Lebensmitteln wie Fleisch oder Milch entsteht.[82] Pflanzliche Eiweiße werden dabei zunehmend durch tierische ersetzt. Daraus resultiert eine höhere Nachfrage nach Geflügel und Eiern, insbesondere in Entwicklungsländern. Allerdings ist auch eine Veränderung des Konsumverhaltens in Industrieländern zu beobachten. So stieg die Nachfrage nach kalorienarmen Produkten. Eine zeitintensive Nahrungsmittelzubereitung wird von immer weniger Menschen praktiziert. Dies führt vermehrt zu einem Anstieg der Nachfrage nach Geflügelfleisch, was mit dem Lebensstil des schnellen, kalorienarmen Kochens vereinbar ist.[83]

Die Produktion von Fleisch erfordert erheblich mehr Agrarrohstoffe, wie bspw. Mais oder Weizen, als vegetarische Nahrung. Janinhoff

---

[82] Vgl. Erber/Petrick/Schlippenbach (2008), S. 358.

[83] Vgl. OECD-FAO (2008), S. 124-125.

hat zum Weizenverbrauch der Fleisch- und Eierproduktion folgende Zahlen ermittelt:[84]

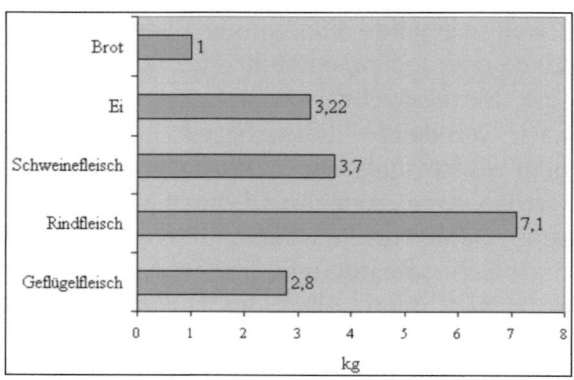

Abb. 9: Was sich aus 1 kg Weizen herstellen lässt

Zur Erzeugung von 1 kg **Geflügelfleisch** werden 2,8 kg Futter benötigt. Darin enthalten sind der Futterverbrauch des Geflügels sowie der Elterntierhaltung. Für die Produktion von 1 kg **Schweinefleisch** ist 3,7 kg Futter erforderlich. Mit 7,1 kg Futterverbrauch je kg ist **Rindfleisch** im Vergleich zu Geflügel- und Schweinefleisch besonders futterintensiv. Für die **Eiererzeugung** werden 3,22 kg Futter je kg benötigt. Die Produktion von 1 kg **Brot** hinge-

---

[84]   Vgl. Janinghoff (2008), S. 4.

gen benötigt lediglich 1 kg Getreide.[85] Ein größerer Konsum von hochwertigen, in Tiermägen veredelten Nahrungsmittel erfordert demnach weitaus mehr Agrarrohstoffe, die der Herstellung pflanzlicher Nahrungsmitteln nicht zur Verfügung stehen.

Trotz der hohen Futterkosten prognostizieren die OECD und die FAO eine starke Expansion der Weltfleischproduktion, wie Abbildung 10 verdeutlicht.[86]

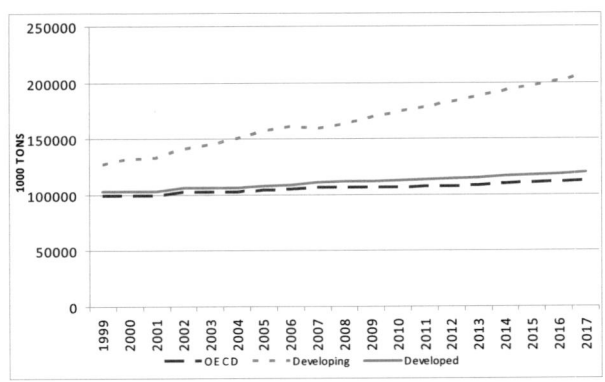

Abb. 10: Stetiges Wachstum der Weltfleischproduktion
(Quelle: OECD-FAO, S. 127)

---

[85]   Vgl. Kamp et al. (2008).
[86]   Vgl. OECD-FAO (2008), S. 127.

Auch in Zukunft ist eine durchschnittliche Wachstumsrate der Weltfleischproduktion von 2 % zu erwarten. Vor allem in Entwicklungsländern in Afrika, Lateinamerika, der Karibik, Asien und in Pazifikraum werden Wachstumsraten zwischen 20 % und 30 % erwartet. Sie werden im Jahr 2017 nach Prognosen der O-ECD und FAO ca. 63 % des weltweiten Fleischangebots produzieren.[87]

Insgesamt stieg die **Fleischproduktion** von 229 Mio. Tonnen im Jahr 1999 auf 285 Mio. Tonnen im Jahr 2007. Die **Milchproduktion** stieg von 570 Mio. Tonnen im Jahr 1999 auf 671 Mio. Tonnen im Jahr 2007. [88] Demgegenüber steht eine relativ kontinuierliche **Getreideproduktion**. Insgesamt konnte sie von 1.806 Mio. Tonnen im Jahr 1999 auf 2.043 Mio. Tonnen im Jahr 2007 gesteigert werden.[89] Abbildung 11 zeigt den Verlauf der Getreideproduktion in den vergangen zwanzig Jahren:

---

[87]   Vgl. OECD-FAO (2008), S. 127.

[88]   FAOSTAT (2008).

[89]   FAOSTAT (2008).

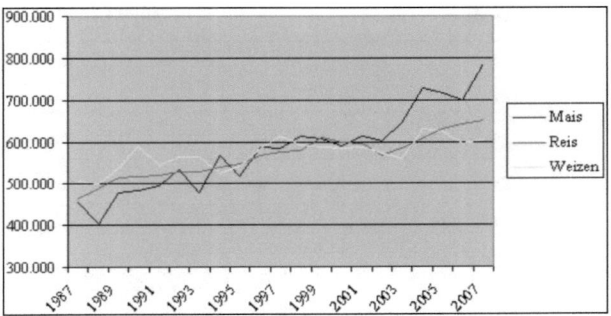

**Abb. 11: Getreideproduktion: Mais, Reis, Weizen
(in 1000 Tonnen)**
(In Anlehnung an Daten aus FAOSTAT 2008).

Auffallend ist der Anstieg der Maisproduktion. Im Jahr 1987 lag diese noch unterhalb der Produktion von Weizen und Reis. Bis 2007 stieg Mais zu den wichtigsten Getreideanbausorten der Welt auf. Wie in Kapitel 2 bereits erwähnt, werden Mais und Weizen u.a. zur Fütterung des Viehs bzw. zur Veredelung von Lebensmitteln genutzt. In Abbildung 12 werden die Anteile der jeweils verfütterten Produktion angezeigt.

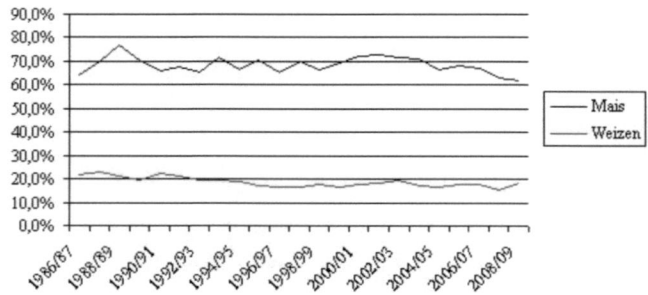

Abb. 12: Verfütterungsquote von Mais und Weizen
(In Anlehnung an Daten der USDA 2008)

Wie aus der Abbildung deutlich wird, blieb die Verfütterungsquote relativ konstant. In den letzten Jahren konnte lediglich beim Mais eine leichte Senkung der Verfütterung beobachtet werden. So liegt die Quote in der Periode 2007/08 bei 63 %. Die Verfütterungsquote bei Weizen liegt mit 15,6 % auf einem weitaus geringeren Niveau.

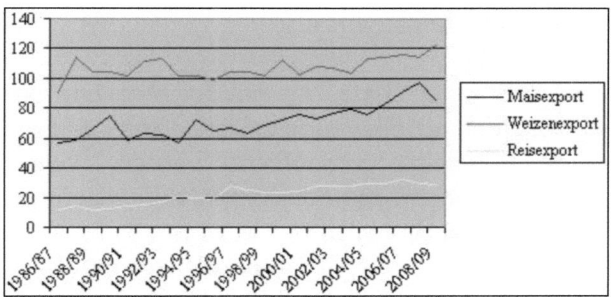

Abb. 13: Export: Mais, Weizen, Reis (in Mio. Tonnen)
(In Anlehnung an Daten der USDA 2008)

Die Getreideexporte stiegen, wie Abbildung 13 verdeutlicht, in den letzten Jahren kontinuierlich an. Allerdings ist vor allem bei Mais und Reis eine fallende Tendenz im Jahr 2007/08 zu beobachten. Indien exportierte in 2006/07 noch 6,3 Mio. Tonnen Reis. Der Export sank in 2007/08 auf 2,8 Mio. Tonnen und wird im Jahr 2008/09 auf voraussichtlich 2,0 Mio. Tonnen sinken. Andere Länder wie China und Ägypten reduzierten ihre Reisexporte ab 2006 ebenfalls. Ähnliche Exportrückgänge sind in den USA zu verzeichnen. So wurde in 2006/07 noch 61 Mio. Tonnen Mais exportiert. Nach Prognosen der USDA wird in 2008/09 nur noch 50 Mio.

Tonnen Mais exportiert.[90]

Am Beispiel China, das mit 1,3 Mrd. Einwohnern das bevölkerungsreichste Land der Erde darstellt, soll verdeutlicht werden, welche Auswirkungen die Fleischproduktion auf den Getreideverbrauch hat.

So hat sich die dortige Rindfleischproduktion von 4,43 Mio. Tonnen im Jahr 1997 auf 7,63 Mio. Tonnen im Jahr 2007 fast verdoppelt.[91] Um diese Produktion zu gewährleisten, wären laut obiger Berechnung rund 54 Mio. Tonnen Getreide notwendig, welches der vegetarischen Nahrungsmittelerzeugung vorenthalten würde. Dies entspricht ca. 2,3 % der weltweiten Getreideernte von 2007. Die Milchproduktion verdreifachte sich im gleichen Zeitraum von 10,09 Mio. Tonnen auf 37,11 Mio. Tonnen, die Eierproduktion von 19,36 Mio. Tonnen auf 30,45 Mio. Tonnen, die Schweinefleischproduktion von 37,16 Mio. Tonnen auf 61,15 Mio. Tonnen sowie die Geflügelfleischproduktion von 10,22 Mio. Tonnen auf 16,03 Mio. Tonnen. Insgesamt erhöhte sich die Fleischproduktion von 54,72 Mio. Tonnen auf 90,58 Mio. Tonnen

---

[90]   Vgl. Prognosen der USDA (2008).
[91]   FAOSTAT (2008).

im Jahr 2007.[92] Allein die erhöhte Fleisch- und Eierproduktion beanspruchte im Vergleich zu 1997 rund 163,46 Mio. Tonnen zusätzliches Getreide.[93] Bemerkenswert ist auch, dass China die Maisexporte von 7,58 Mio. Tonnen im Jahr 2004/05 auf 0,6 Mio. Tonnen im Jahr 2007/08 reduzierte. War China im Jahr 2004/05 noch mit einem Anteil von ca. 10 % der zweitgrößte Maisexporteur, so sank der Anteil auf bedeutungslose 0,62 % im Jahr 2007/08.[94]

Es wird deutlich, dass mit zunehmendem Konsum von höherwertigen Lebensmitteln enorme Ressourcen in Form von Getreide notwendig sind. Generell kann also festgehalten werden, dass höherwertige Lebensmittel zu einer erhöhten Nachfrage nach Getreide bzw. einem geringeren Angebot von Getreide führen, wodurch Preissteigerungen durchaus möglich sind.
Dennoch lässt sich dadurch eine plötzliche Preissteigerung nicht erklären. Zum einen war die Entwicklung bspw. in China ein langfristiger Prozess, zum anderen konnte Chinas Ex-

---

[92] FAOSTAT (2008).
[93] Eigene Berechnung in Anlehnung an Janinhoff (2008).
[94] USDA (2008).

portrückgang durch den Export anderer Länder überkompensiert werden. Eine Analyse weiterer möglicher Ursachen ist daher unumgänglich. Das folgende Kapitel ordnet Spekulationen im Rahmen der Nahrungsmittelkrise ein.

4.3 Spekulationen

„Unser täglich Brot gib uns heute!"[95]

Jochen Hitzfeld, HVB UnitCredit Group

Als eine der möglichen Ursachen für die Nahrungsmittelkrise werden Spekulationen an den Warenterminbörsen genannt. Zunächst erfolgt die Vorstellung des Spekulationsbegriffes.
Zwar werden auf Märkten Angebot und Nachfrage zusammengefügt, darüber hinaus wird aber auch auf ihnen spekuliert. So wettet man bspw. auf zukünftige Preisbewegungen.[96] Ein Spekulant kauft demnach Vermögenswerte, um sie bei höherem Preis wieder zu verkaufen, oder er verkauft, um sie bei geringerem Preis

---

[95]   Hitzfeld (2006), S. 11, zu „Agrarrohstoffe an der Börse: Warum sich Agrarpreise verdoppeln werden.".

[96]   Vgl. Klöhn (2006), S. 19.

zurückzukaufen.[97] Es handelt sich also um Personen, die zukünftige Preise vorhersagen und diese Positionen nur kurzfristig einnehmen, während z.B. Investoren Vermögensgegenstände kaufen, um sie auf längere Sicht zu behalten.[98] Betreten marktmächtige Händler die Rohstoffterminmärkte mit dem Ziel, einen Preistrend zu setzen und auf diesen ihre Kontrakte auszurichten, so lassen sich steigende Marktpreise nicht mehr als Knappheitssignale interpretieren.[99]

Angebot und Nachfrage können im Rahmen der Nahrungsmittelkrise nicht allein für die drastischen Preissteigerungen verantwortlich gemacht werden. Erwartungen und Spekulationen, die zu Hortung und Hysterie führen, spielen bei dem derzeitigen Niveau und der Volatilität der Preise ebenfalls eine Rolle.[100]

In den folgenden Abschnitten werden zunächst Erwartungen bzw. Spekulationen vorgestellt, die auf steigende Nahrungsmittel-

---

[97] Vgl. Aschinger (1995), S. 17f.
[98] Vgl. Klöhn (2006), S. 23f.
[99] Vgl. Erber/Petrick/Schlippenbach (2008), S. 360.
[100] Vgl. von Braun (2008), S. 5.

preise schließen lassen. Anschließend wird die Auswirkung der Spekulation auf die Nahrungsmittelkrise eingeordnet. Dazu werden Spekulationsgruppen vorgestellt, sowie ihre Wirkung auf den Nahrungsmittelpreis beurteilt.

Als ein Indiz für steigende Nahrungsmittelpreise wird die **zunehmende Weltbevölkerung** genannt. So stieg diese von 2,54 Mrd. Menschen im Jahr 1925 auf 6,67 Mrd. Menschen im Jahr 2007. Es wird erwartet, dass sich die Weltbevölkerung pro Jahr um rund 82 Millionen Menschen vergrößern wird.[101] So prognostizieren die Vereinten Nationen einen Anstieg der Weltbevölkerung im Jahr 2025 auf 8,01 Mrd. Menschen und im Jahr 2050 gar auf 9,19 Mrd. Menschen.[102] Die globale Nahrungsmittelversorgung wird demnach mit einer erheblich ansteigenden Nachfrage konfrontiert sein.

Zwar konnte die Getreideproduktion, wie Abbildung 10 hervorhebt (siehe Seite 26), über die vergangenen Jahre gesteigert werden. Allerdings gingen die durchschnittlichen **Zuwachsraten der Produktion** im Zehnjahres-

---

[101]   Vgl. Weltbevölkerung (2008).
[102]   Vgl. United Nations, S. 2-4.

vergleich immer weiter zurück. Dies legt Abbildung 14 dar:

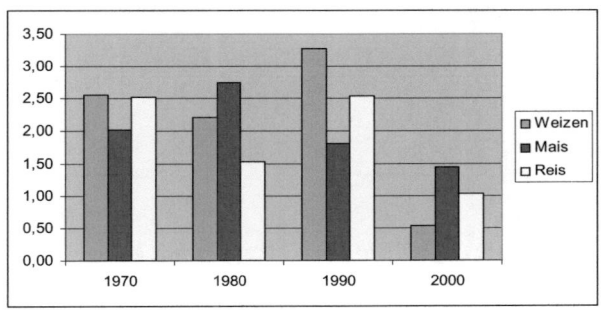

Abb. 14: Produktivitätswachstum Weizen, Mais, Reis

(In Anlehnung an Daten der USDA 2008).

Daher ist in Verbindung mit der größer werdenden Weltbevölkerung bei gleichzeitigen Produktionsrückgängen mit einer zunehmenden Verknappung des Getreideangebots zu rechnen.

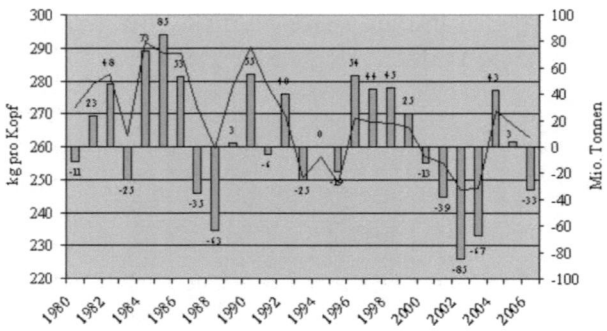

Abb. 15: Defizite in der Getreideproduktion
(In Anlehnung an Daten der USDA 2008)

Abbildung 15 zeigt auf, wie die Getreideproduktion, gemessen an der Weltbevölkerung pro Kopf, tendenziell sinkt. Überschüsse konnten immer seltener erwirtschaftet werden, was u.a. zu den **geringeren Lagerbeständen**, welche in Abb. 2 dargelegt sind, führte. Die derzeitigen Lagerbestände für Getreide liegen auf einem verhältnismäßig niedrigen Niveau.

Neben dem bereits thematisierten **zunehmenden Wohlstand** können auch andere Faktoren für zukünftige Preissteigerungen im Nahrungsmittelbereich verantwortlich sein. Dazu zählt u.a. der **Klimawandel**, wodurch Wüsten und Unwetter entstehen, welche Ernten und Agrarflächen zerstören. So kam es im Jahr 2007 in Australien zu einer langen Dürre, wodurch Ernteausfälle zu verzeichnen waren. Auch in China und Thailand, führten Überschwemmungen und Hitzeperioden zu Ernteausfällen.[103]

Durch den **steigenden Ölpreis** und der befürchteten Erschöpfung der Ölquellen wurde in der Vergangenheit nach alternativen Energieträgern gesucht. Bei einer Lösungsmöglichkeit handelt es sich um Biotreibstoffe, die Agrarflächen zur Herstellung von Ethanol beanspruchen. Diese Flächen werden der Nahrungsmittelproduktion entzogen. Folglich geht man davon aus, dass das Nahrungsmittelangebot zurückgeht.

Von Braun differenziert im Rahmen der Nahrungsmittelkrise **drei Spekulationsgruppen**: *Erstere* besteht aus Regierungen, Landwirten, Haushalten und kleinen Händlern. Unter normalen Umständen hat diese Gruppe einen geringen Einfluss auf Preisentwicklungen. Allerdings kann ihr Verhalten in Krisenfällen zu enormen Preissteigerungen führen. Die *zweite* Gruppe besteht aus gewerblichen Händlern, welche durch ihre Aktivitäten zur Absicherung von Termingeschäften ein nützliches Risikomanagement anbieten. Zur *dritten* Gruppen

---

[103]   Vgl. Schmitz (2008), S. 286.

zählen die nichtgewerblichen Händler, welche durch die anfangs beschriebenen Spekulationen Gewinne erzielen möchten.[104]

Regierungen können durch Exportverbote und Importsteigerungen zwar auf kurze Sicht ihre Lagerbestände erhöhen. Allerdings wird dadurch der internationale Markt verkleinert und einer größeren Preisvolatilität ausgesetzt. Gerade Importländer leiden unter dem abnehmenden Angebot an Lebensmitteln. Diese Wirkung wird durch die Hortung der Lebensmittel von Händlern, Landwirten und Haushalten, die in Zukunft steigende Lebensmittelpreise erwarten, verstärkt. Zum Beispiel wurde in Bangladesch eine gute Ernte für das laufende Jahr erwartet. Zudem beschloss die Regierung höhere Importe für Reis. Infolge dieser Ankündigungen sowie der Ankündigung Indiens, für Bangladesch eine Ausnahme bzgl. des Reisexportverbotes zu machen, waren hohe spekulative Preise in Bangladesch nicht mehr haltbar.[105]

Ein Großteil des weltweiten Agrarhandels wird über die Rohstoffbörsen in New York und in

---

[104]   Vgl. von Braun (2008), S. 5.
[105]   Vgl. von Braun (2008), S. 5.

Chicago abgewickelt.[106] Mit so genannten Futures werden landwirtschaftliche Güter gehandelt. Dabei handelt es sich um Verträge, die zukünftige Auslieferungen von Getreide zu bestimmten Preisen vereinbaren. Insbesondere nach dem Platzen der Immobilienblase Ende 2006 / Anfang 2007 konnte ein Anstieg von gehandelten Futures und Optionen verzeichnet werden.[107] „Noch nie haben Finanzinvestoren so viel Kapital an den Rohstoffmärkten angelegt wie im ersten Quartal dieses Jahres".[108] Dies deutet darauf hin, dass Kapital aus dem unattraktiver gewordenen Immobilienmarkt in den Agrargütermarkt geflossen ist. Auch eine aufkeimende Spekulationsblase kann aufgrund zukünftiger Erwartungen, sowie der Preisvolatilitäten auf dem Agrarmarkt, als durchaus möglich angesehen werden. Spekulatives Kapital der Finanzinvestoren, welches vermehrt in Agrargütermärkte fließt, stellt ein Indiz für zukünftige Preissteigerungen dar. Allerdings gibt es keine detaillierten Studien, die das Ausmaß der Spekulationen auf Nahrungsmittelpreise analysieren.[109]

---

[106] Vgl. Erber/Petrick/Schlippenbach, S. 360.
[107] Vgl. Chicago Board of Trade (2008), S. 3.
[108] Vgl. Schulz (2008).
[109] Vgl. von Braun (2008), S. 6.

Derzeit stellen Spekulationen nur **Symptome**, allerdings <u>nicht</u> die **Ursachen** möglicher Preissteigerungen dar. Hohe Getreidelagerbestände können Spekulationen und damit Preisvolatilitäten vorbeugen, damit Fehlausrichtungen zwischen den Real- und den Terminmärkten gar nicht erst entstehen.[110]

Als weitere mögliche Ursache der Nahrungsmittelkrise werden Biokraftstoffe angesehen. Sie werden im folgenden Kapitel thematisiert.

4.4 Biokraftstoffe

„Biosprit ist ein Verbrechen gegen die Menschheit!"[111]

Jean Ziegler, UN-Sonderberichterstatter

Steigende Ölpreise, sowie die damit einhergehende Abhängigkeit von ölexportierenden Ländern veranlassten viele Staaten, darunter die EU sowie die USA, nach alternativen biologischen Energieträgern zu suchen.[112] Biokraftstoffe in Form von Bioethanol und Biodiesel

---

[110]   Vgl. von Braun (2008), S. 6.
[111]   Vgl. Pfaff (2008), S. 1.
[112]   Vgl. FAO (2008c), S. 6.

stellten dazu eine Lösung dar. Als Energieträger werden Getreide, Zuckerrüben und Zuckerrohr (Bioethanol), sowie Raps und Soja (Biodiesel) genutzt.[113] In den USA, die mit einem Anteil von rund 42 % zu den weltweit größten Maisproduzenten zählen,[114] wird u.a. der Anbau von Mais als Energiepflanze jährlich mit 11 bis 13 Mrd. USD subventioniert.[115] Auch die EU subventioniert die Biokraftstoffproduktion.

Dies wird durch Steuergutschriften, bspw. bei Biodiesel in Höhe von rund 0,26 USD/Liter in den USA, bzw. 0,29 USD/Liter in der EU, erreicht.[116] Der absolute TSE für Biokraftstoffe im Jahr 2006 betrug für die USA 6,33 Mrd. USD, in der EU 4,7 Mrd. USD.[117] Diese Subventionszahlungen haben zu einer Fehlallokation von Ressourcen[118] und zu verzerrten Märkten, sowie verzerrtem Wettbewerb unter den Landwirten geführt.[119] Bspw. hat sich der Preis für Ackerland in den USA zwischen dem Jahr

---

[113] Vgl. FAO (2008c),S. 14.
[114] Vgl. Tabelle 3.
[115] Vgl. von Braun (2008), S. 3.
[116] Vgl. Michell (2008), S. 9.
[117] Vgl. FAO (2008c), S. 32.
[118] Vgl. FAO (2008c), S. 7.
[119] Vgl. von Braun (2008), S. 3.

2000 und 2007 um 74 % erhöht. Durch subventionierte Investitionen wurden hunderte von Bio-Ethanolanlagen im Land errichtet. Mais wird zunehmend, insbesondere in den USA, zur Produktion von Ethanol verwendet.

Zurzeit werden ca. 85 % der Biotreibstoffe in Form von Ethanol gewonnen. Die beiden größten Hersteller, Brasilien und die USA, produzieren rund 90 % des gesamten Ethanolangebots.[120] Ein Drittel der Maisflächen in den USA, sowie riesige Zuckerrohranbauflächen in Brasilien, stehen zur Produktion von Ethanol zur Verfügung.[121] Abbildung 16 legt dar, wie sich in den beiden Ländern die Produktion und Anbaufläche von Zuckerrohr und Mais im Zeitverlauf entwickelt hat.

---

[120] Vgl. FAO (2008c), S. 15.
[121] Vgl. Schmitz (2008), S. 286.

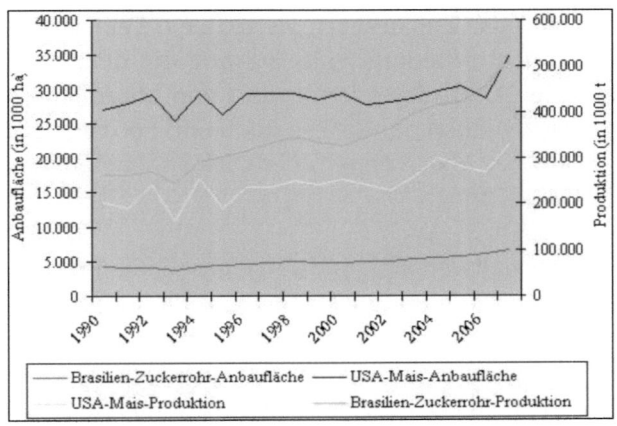

Abb. 16: Zuckerrohr (Brasilien) und Mais (USA):
Produktion und Anbau
(In Anlehnung an Daten der FAOSTAT 2008)

Die Produktion sowie die Anbauflächen von
Zuckerrohr haben sich in Brasilien innerhalb
von 20 Jahren nahezu verdoppelt. Zwischen
2005 und 2007 können zweistellige Wachstumsraten beobachtet werden. Die Maisproduktion und -anbaufläche in den USA haben
sich vor allem in den letzten Jahren stark erhöht. Die EU ist mit einem Anteil von 60 % an
der weltweiten Biodieselproduktion der größte Biodieselproduzent des Jahres 2007. Dies
nicht ohne Grund, denn sie hat sich im März

2007 das Ziel gesetzt, bis 2020 ein Zehntel des Treibstoffbedarfs mit Biosprit zu decken.[122] Die EU erhöhte den Import von pflanzlichem Öl zwischen den Jahren 2000 und 2007 von 4,4 auf 6,9 Mio. Tonnen, die USA von 1,7 auf 2,9 Mio. Tonnen.[123]

Die weltweit steigende Nachfrage, die Produktion sowie die Subvention von Biokraftstoffen sind in den Augen vieler Beobachter für die aktuelle Nahrungsmittelpreissteigerung verantwortlich. Fossile Kraftstoffe können durch Biokraftstoffe substituiert werden. Eine steigende Nachfrage bzw. ein sinkendes Angebot an Rohöl impliziert eine steigende Nachfrage nach Biokraftstoffen. Die Produktion von Biokraftstoffen beansprucht allerdings Ressourcen wie Ackerland und Pflanzen, die der Nahrungsmittelproduktion entzogen werden. Steigende Ölpreise erhöhen nicht nur die Ernte- und Transportkosten bei der Nahrungsmittelherstellung, sondern auch die Preise für Getreide, das zur Herstellung von Biokraftstoffen verwendet wird.[124] Eine positive Korrelation von Erdöl- sowie Getreidepreisen ist zu beo-

---

[122] Vgl. WiSu (2008b), S. 929.
[123] Vgl. Michell (2008), S. 8.
[124] Vgl. FAO (2008c), S. 22.

bachten.[125] **Kraftstoffe** und **Nahrungsmittel** stehen also unmittelbar im **Wettbewerb** zueinander.[126] Ziegler fasst dies in einem plastischen Beispiel zusammen: Mit der Befüllung eines 50 Liter Tanks mit Ethanol, wofür rund 200 kg Mais erforderlich sind, könne man eine Person ein Jahr lang ernähren.[127]

Die Nahrungsmittelpreise lägen ohne die Biokraftstoff-Subventionspolitik der USA und der EU auf einem geringeren Niveau.[128] Allein die Ethanolproduktion mit Zuckerrohr in Brasilien wird im Rahmen der Biokraftstoffproduktion positiv gesehen. Zuckerrohr gilt im Vergleich zu Mais als ausgesprochen energieeffizient.[129] „Energieeffizient" bedeutet in diesem Zusammenhang das Verhältnis vom Nutzen zum Energieaufwand, der zur Herstellung von einem Liter Ethanol erforderlich ist. So wird in Brasilien mit 5476 Liter/ha mehr Ethanol aus Zuckerrohr gewonnen, als in den USA, die mit Mais lediglich 3751 Liter/ha Ethanol erwirt-

---

[125]   Vgl. von Braun (2008), S. 3.
[126]   Vgl. von Braun (2008), S. 39.
[127]   Vgl. swissinfo (2008).
[128]   Vgl. Mitchell (2008), S. 17.
[129]   Vgl. FAO (2008c), S. 17.

schaften.[130] Die zuckerrohrbasierten Biokraftstoffe sind somit aus Sicht der Energieeffizienz
den maisbasierten Biokraftstoffen der USA
und der EU deutlich überlegen. Zudem kann
Zuckerrohr nicht in dem Maße wie Mais zur
Nahrungsmittelproduktion genutzt werden.
Allerdings sei hier erwähnt, dass beide Pflanzen um wertvolle Ackerflächen konkurrieren.
Demnach kann nicht ausgeschlossen werden,
dass Zuckerrohr in Brasilien zu einer Verdrängung des Nahrungsmittelanbaus geführt hat.

Welchen Einfluss Biokraftstoffe auf die Nahrungsmittelpreise haben, wird unterschiedlich
beurteilt. Nach Schätzungen der IMF führte die
steigende Nachfrage nach Biokraftstoffen zu
Preissteigerungen in Höhe von 70 % bei Mais
und 40 % bei Sojabohnen.[131] Collins gibt an,
dass die Produktion von Ethanol die Preise für
Mais um 60 % erhöht hat.[132] Von Braun
schätzt, dass die steigende Nachfrage nach
Biokraftstoffen in den Jahren 2000 bis 2007 zu
einer Getreidepreissteigerung von 30 % geführt hat.[133] In einer aktuellen Studie der Welt-

---

[130] Vgl. Naylor et al. (2007), S. 37
[131] Vgl. Lipsky (2008).
[132] Vgl. Collins (2008), S. 24-25.
[133] Vgl. von Braun et al. (2008), S. 3.

bank wird vermutet, dass 75 % der Nahrungsmittelpreissteigerung durch eine erhöhte Nachfrage nach Biokraftstoffen verursacht wurde.[134] Aufgrund der unterschiedlichen Methodik der Studien ist ein Vergleich der Ergebnisse allerdings schwierig. Dennoch lässt sich feststellen, dass die meisten Studien **die Biokraftstoffproduktion als ausschlaggebenden Faktor** der globalen Nahrungsmittelkrise identifizieren.[135]

4.5 Bewertung möglicher Ursachen

Festzuhalten ist, dass die Nahrungsmittelkrise nicht allein einer Ursache anzulasten ist. Sie ist vielmehr das Ergebnis einer Mixtur aller Faktoren. Die Agrarsubventionen stellen hier nur einen Mosaikstein von vielen dar.

Die **Nachfrage** nach Nahrungsmitteln erhöht sich insbesondere durch einen höheren Wohlstandsgrad, steigende Weltbevölkerung, sowie indirekt durch den Ausbau der Biokraftstoffproduktion. Fraglich ist, ob das **Angebot** mit dieser Entwicklung Schritt halten kann. So

---

[134]   Vgl. Mitchell (2008), S. 17.
[135]   Vgl. Mitchell (2008), S. 17.

stößt die Getreideproduktion zunehmend an ihre Grenzen, was durch die im Zeitablauf sinkenden Produktivitätszuwächse deutlich wird (siehe Abbildung 14). Zudem ist die Erschließung neuer Agrarflächen teilweise mit der Rodung von Wäldern verbunden, was den Klimawandel weiter verstärkt. Dieser wiederum führt vermehrt zu Ernteausfällen, wie bereits in Australien beobachtet wurde.

Die Agrarpolitik, insbesondere die der Industrieländer, hatte in den vergangen Jahren teilweise fatale Auswirkungen auf die Agrargüterproduktion in Entwicklungsländern. Die protektionistischen Maßnahmen und **Agrarsubventionen** haben Produktionsanreize in den Entwicklungsländern geschwächt. Jene Länder, welche von Nahrungsmittelimporten abhängig sind, leiden besonders unter den gestiegenen Nahrungsmittelpreisen. Agrarsubventionen haben somit einen enormen Beitrag zur derzeitigen Nahrungsmittelkrise geleistet.

Mittlerweile ist unbestritten, dass die Biokraftstoffproduktion entscheidend zur Nahrungsmittelkrise beigetragen hat. Die teils aggressive Subventionierung von Ethanol und Biodiesel, insbesondere in den USA und der EU, führte zu erheblichen Marktverwerfungen. International wurden durch die Biokraftstoffimporte weitere Agrarländer zur Biokraftstoffprodukti-on animiert, was die Verwendung von Acker-böden und Getreide zur Nahrungsmittelher-stellung minderte. Agrarsubventionen im Be-reich der Biokraftstoffe haben folglich eben-falls einen Beitrag zur Nahrungsmittelkrise geleistet. Sie verringerten das Nahrungsmit-telangebot und führten gleichzeitig zu einer erhöhten Nachfrage nach Nahrungsmitteln in Form von Getreide.

5. Zusammenfassung und Ausblick

In der Ausarbeitung konnte dargelegt werden, dass eine Vielzahl von Ursachen zur Nahrungsmittelkrise beigetragen hat. Zwar ist die Beurteilung ihrer Gewichtung schwierig, dennoch konnten Hauptursachen identifiziert werden. Wie soll nun die Weltgemeinschaft mit dem Nahrungsmittelproblem umgehen? Von Braun bietet dazu erste Lösungsansätze:

Die Welt hat unter anderem bei Naturkatastrophen gezeigt, dass sie zu koordinierten Hilfeleistungen in der Lage ist. Im Unterschied zu regionalen Naturkatastrophen handelt es sich bei der Nahrungsmittelkrise um ein weltumfassendes Problem. Hier sind humanitäre Programme zu initiieren, um die notleidende Bevölkerung mit Nahrung und Geld zu versorgen. Dabei sind nicht nur Regierungsorganisationen wie die UN von Bedeutung. Auch private Organisationen können einen enormen Beitrag dazu leisten. Die Agrarexportverbote einiger Länder müssen aufgehoben werden, damit es in den Märkten zu geringeren Preisfluktuationen kommt. Des Weiteren muss den Agrarsektoren in Entwicklungsländern zu Wachstum verholfen werden. Dies kann nur durch einen Zugang zu Saatgut, Maschinen und Kleinstkrediten für Kleinbauern gelingen. Eine Ertragssteigerung der Ernten ist einer Expansion der Ackerbauflächen vorzuziehen. Die Biokraftstoffproduktion ist auf dem jetzigen Niveau zu halten. Überschüssiges Getreide sowie Ölsaaten sollten der Nahrungsmittelproduktion zugutekommen. Darüber hinaus sind Investitionen in Biotechnologien zu tätigen, um Wachstumsanreize zu geben. Spekulationen an den Warenterminbörsen sind durch die Reduzierung des Futurehandels und der Beobachtung von spekulativem Kapital Einhalt zu gebieten. Langfristig sollten Getreidelagerbestände aufgebaut und international verwaltet werden, um zukünftige Spekulationen zu vermeiden. Abschließend sollten Handelsrestriktionen wie Exportsubventionen, Markteintrittsbarrieren sowie inländische Unterstützungszahlungen eingedämmt werden. Nur so können Ressourcen effizient genutzt und die Wohlfahrt in Entwicklungsländern gesteigert werden.[136]

Für die Ärmsten der Armen mag diese Therapie zu spät kommen. Dennoch müssen alle Register der Wirtschafts- und Entwicklungspolitik gezogen werden. In der Krise liegt die

---

[136]   Vgl. von Braun (2008), S. 8-11.

Chance. Indem die Internationale Staatenge-
meinschaft die Initiative ergreift, um nötige
Strukturreformen einzuleiten, kann sie die
langfristig aus der zukünftigen Nahrungsmit-
telknappheit resultierenden Probleme ein-
dämmen. Dies sollte sie möglichst schnell tun,
bevor sich die dramatische Situation der Hun-
gernden noch weiter verschärft.

Nur so kann das anfangs erwähnte Menschenrecht, vor Hunger geschützt zu sein, erreicht
werden. Dies sollte oberste Priorität genießen,
um auch zukünftigen Generationen ein men-
schenwürdiges Leben zu ermöglichen.

Literaturverzeichnis

Amtsblatt der Europäischen Union (2008): Konsolidierte Fassung über die Arbeitsweise der Europäischen Union, [http://eur-lex.europa.eu/LexUriServ/LexUriServ.do?uri=OJ:C:2008:115:0047:0199:DE: PDF; 14.09.2008].

Anderegg, Ralph (1999): Grundzüge der Agrarpolitik, Oldenburg, Oldenburg Wissenschaftsverlag.

Aschinger, Gerhard (1995): Börsenkrach und Spekulation, München, Verlag Vahlen.

Auswärtiges Amt (1966): Internationaler Pakt über wirtschaftliche, soziale und kulturelle Rechte, [http://www.auswaertiges-amt.de/diplo/de/Aussenpolitik/Themen/Menschenrechte/Download/IntSozialpakt.pdf; 10.09.2008].

Bertow, Kerstin / Schultheis, Antje (2007): Impact of EU's agricultural trade policy on smallholders in Africa, Germanwatch e.V.

Cezanne, Wolfgang (2005): Allgemeine Volkswirtschaftslehre, München/Wien, Oldenburg Verlag 2005.

Chicago Board of Trade (2008): Monthly Agricultural Update (September 2008) – A Global Trading Summary of Grain, Oilseed and

Livestock Markets,
[http://www.cbot.com/cbot/docs/
87809.pdf; 27.09.2008].

Collins, Keith (2008): The Role of Biofuels and Other
Factors in Increasing Farm and Food
Prices, [http://
www.foodbeforefuel.org/files/Role%200
f%20Biofuels%206-19-08.pdf;
19.09.2008].

*Erber, Georg / Petrick, Martin / von Schlippenbach,
Vanessa* (2008): Ursachen und
Konsequenzen der steigenden
Nahrungsmittelpreise, in DIW
Wochenbericht Nr. 26/2008, 75.
Jahrgang, 24. Juni 2008,
[ftp://ftp.fao.org/docrep/fao/010/ai465e/
ai465e00.pdf; 22.09.2008].

FAO (2006): The State of Food Insecurity in the
World 2006,
[ftp://ftp.fao.org/docrep/fao/009/
a0750e/a0750e00.pdf; 15.09.2008].

FAO (2008a): Crop Prospects and Food Situation
No. 2, April 2008,
[ftp://ftp.fao.org/docrep/fao/010/
ai465e/ai465e00.pdf; 14.09.2008].

FAO (2008b): Food Prize Index, September 2008,
[http://www.fao.org/worldfoodsituation/
FoodPrices Index/en/; 23.09.2008].

FAO (2008c): The State of Food and Agricultural 2008 – Biofuels: prospects, risks and opportunities, [ftp://ftp.fao.org/docrep/fao/011/i0100e/i 0100e.pdf; 1.10.2008].

FAOSTAT (2008): Statistische Datenbank der Food and Agriculture Organization, [http://faostat.fao.org; 10.09.2008].

Fritsch, Michael / Wein, Thomas / Ewers, Hans-Jürgen (2005): Marktversagen und Wirtschaftspolitik, 6. Auflage, München, Verlag Vahlen.

Gotsch, Nikolaus / Herrmann, Roland / Peter, Günter (1995): Wie beeinflusst eine Spezialisierung der Entwicklungsländer auf Agrarexporte die Armutssituation?, Agrarökonomische Diskussionsbeiträge Nr. 30, Gießen 1995.

Grabowsky, Fabian (2008): Exportiert die EU die Nahrungsmittelkrise?, Tagesschau [http://www. tagesschau.de/wirtschaft/exportsubventi onen2.html, 12.09.2008].

Haas, Dieter (2007): Agricultural Policies in the EU and US – A Comparison of Policy Objectives and their Realization, VDM Verlag Dr. Müller.

Hagedorn, Anke (2008): EU verteidigt ihre Agrar-
Subventionen, Deutsche Welle,
[http://www.dw-
world.de/dw/article/0,2144,3292163,00.h
tml; 15.09.2008].

Handelsblatt (2008): Hungerrevolten –
Nahrungsmittelkrise verschärft sich,
Autor unbekannt,
[http://www.handelsblatt.com/politik/int
ernational/nahrungsmittelkrise-
verschaerft-sich;1418184; 20.09.2008].

Harbou, Frederik / Schneider, Jörg (2008): Die
Auswirkungen von EU –
Agrarsubventionen auf die afrikanische
Landwirtschaft, Deutscher Bundestag,
[http://www.bundestag.de/wissen/
analysen/2008/afrikanische_landwirtscha
ft.pdf; 18.09.2008].

Heertje, Arnold / Wenzel, Heinz-Dieter (2008):
Grundlagen der Volkswirtschaftslehre,
Bamberg, Springer Verlag.

Hitzfeld, Jochen (2006): Agrarrohstoffe an der Börse
– Langfristtrends bei Energie und
Nahrungsmitteln, HVB UnitCredit Goup,
[http://download.dlg.org/pdf/uta06/Hitzf
eld.pdf; 12.09.2008].

Hubbard, Lionel/ Lingard, John (1991): The Cap and its Effects on Developing Countries, in: The Common Agricultural Policy and the World Economy-Essays in Honour of John Ashton, hrsg. v. David Harvey und Christopher Riston, Wallingford 1991, S. 241-257.

Hurungo, James (2006): An Outline and analysis of EU export subsidies on production of export interest to ESA countries, 2006, [http://hepta.designat7.co.zw/tradescent re/binarydata/EC%20Subsies%20 and%20ESA%20report- Final%20Hurungo.doc; 22.09.2008].

IMF (2008): International Financial Statistics Database [http://www.imfstatistics.org/imf/; 9.10.2008]

Janinghoff, Alfons (2008): Eine einzige Vergeudung?, in Ausgabe 20 Westf. Wochenblatt.

Kamp, Matthias / Losse, Bert / Rees, Jürgen / Sprothen, Vera / Wettach, Silke (2008): Nahrungsmittelkrise – der globale Albtraum, Wirtschaftswoche, [http://www.wiwo.de/politik/nahrungsmi ttelkrise-der-globale-albtraum-274277/; 4.09.2008].

Kay, Adrian (1998): The Reform of the Common
Agricultural Policy – The Case of the
MacSharry Reforms, New York, Oxon.

Klöhn, Lars (2006): Kapitalmarkt, Spekulation und
Behavioral Finance, Hamburg, Verlag
Duncker & Humblot.

Koester, Ulrich (2005): Grundzüge der
landwirtschaftlichen Marktlehre, Kiel Juli
2005, Verlag Vahlen.

Krol, Gerd-Jan / Schmid, Alfons (2002):
Volkswirtschaftslehre – eine
problemorientierte Einführung.
Tübingen: Mohr, Siebeck UT 2002.

Krugman, Paul R. / Obstfeld, Maurice (2006):
Internationale Wirtschaft, Pearson
Studium.

Kulke, Ulli (2008): Streit um den richtigen Bio-Sprit,
Welt-Online, [http://www.welt.de/
welt_print/article2063974/Streit_um_de
n_richtigen_Bio_Sprit.html; 30.09.2008].

Lipsky, John (2008): Commodity Prices and Global
Inflation, IMF, [http://www.imf.org/
external/np/speeches/2008/050808.htm;
18.09.2008].

Loseby, Margaret / Piccinini, Antonio (2001):
Agricultural policies in Europe and the
USA – farmers between subsidies and
the market, Hampshire, Verlag Palgrave.

Mai, Marina (2008): Ein Getreide auf dem Rückzug, [http://www.das-parlament.de/2006/28-29/ Ausland/002.html; 10.09.2008]

Mitchell, Donald (2008): A Note on Rising Food Prices, The World Bank, [http://www-wds.worldbank.org/ servlet/WDSContentServer/WDSP/IB/2008/07/28/000020439_20080728103002/Rendered/PDF/WP4682.pdf; 16.09.2008].

n-tv (2008): Biosprit ein Grund – Die Nahrung wird knapp, [http://www.n-tv.de/951746.html; 4.09.2008].

Naylor, Rosamund L. / Liska, Adam J. / Burke, Marshall B. / Falcon, Walter P. / Gaskell, Joanne C./ Rozelle, Scott D. / Cassman, Kenneth G. (2007): The Ripple Effect: Biofuels, Food Security, and Environment, FSI Stanford publications, [http://iis-db.stanford.edu/pubs/22064/Naylor_et_al_ Env.pdf; 5.10.2008].

OECD (2007): Agricultural Policies in OECD Countries: Monitoring and Evaluation 2007, Paris.

OECD (2008a): Agricultural Policies in OECD Countries – At a Glance 2008.

OECD (2008b): Glossary of statistical terms, [http://stats.oecd.org/glossary/index.htm ; 22.09.2008].

OECD-FAO (2008): Agricultural Outlook 2008–2017, [http://www.sourceoecd.org/978926404 5903; 30.09.2008].

Ott, Alfred E. (1992): Grundzüge der Preistheorie, Vandenhock & Ruprecht, [http://books.google.com/ books?id=_UiXeC5rxlYC&printsec=frontc over&hl=de; 20.09.2008].

Pfaff, Peggy (2008): Ein Verbrechen gegen die Menschlichkeit, Onlineartikel aus dem Handelsblatt, [http://www.handelsblatt.com/journal/pr esseschau/ein-verbrechen-gegen-die-menschlichkeit;1423730; 5.10.2008].

Popovic, Christiane (2002): Agrarhandel und Agrarpolitik – Stellungnahme des wissenschaftlichen Beirats, Bundesministerium für wirtschaftliche Zusammenarbeit und Entwicklung, [http://www.bmz.de/ de/service/infothek/fach/spezial/spezialo 43pdf.pdf; 7.09.2008].

Schulz, Bettina (2008): Investoren legen immer mehr Geld in Rohstoffe an, [http://www.faz.net/s/ Rub58BA8E456DE64F1890E34F4803239 F4D/Doc~E77CE622D06C54726AA58E66 4593032A3~ATpl~Ecommon~Sspezial.ht ml; 2.10.2008].

Schmitt, Thomas (1988): Dissertation – Nationale Agrarpolitik und Transnationale Agrarkonflikte, Köln.

Schmitz, Michael (2008): Internationale Nahrungsmittelkrise: Ursachen und Maßnahmen, Veröffentlicht in Wirtschaftsdienst – Zeitschrift für Wirtschaftspolitik, Ausgabe Mai 2008.

Schwarz, Björn (2004): Die Auswirkungen der EU-Agrarpolitik auf Entwicklungsländer, Tectum Verlag.

Swissinfo (2008): Jean Ziegler fordert Biotreibstoff-Moratorium, [http://www.swissinfo.org/ger/ swissinfo.html?siteSect=126&sid=83065 21&cKey=1192178834000&ty=stsize:%20 21cm%2029.7cm;%20margin:%202cm% 20}%20P%20{%20margin- bottom:%200.21cm%20}%20--%3E; 26.09.2008]

United Nations (2008): World Urbanization Prospects – The 2007 revision, [http://www.un.org/esa/population/publi cations/wup2007/2007WUP_ExecSum_w eb.pdf; 13.09.2008].

USDA (2008): Statistische Datenbank, [http://www.fas.usda.gov/psdonline/psd Home.aspx; 28.09.2008]

Von Braun, Joachim (2008): High Food Prices – The What, Who and How of Proposed Policy Actions, International Food Policy Institute, [http://www.ifpri.org/PUBS/ib/FoodPricesPolicyAction.pdf; 1.10.2008].

WHO (2003): Global Strategy on diet – physical activity and health, [http://www.who.int/dietphysicalactivity/publications/facts/obesity/en/; 14.09.2008].

WiSu – Das Wirtschaftsstudium (2008a): Nahrungsmittelkrise – The Blame Game, WISU-Magazin, Juni Ausgabe 2008.

WiSu – Das Wirtschaftsstudium (2008b): Europa rückt vom Biospritziel ab, WISU-Magazin, Juli Ausgabe 2008.

Weltbank (1997): Weltentwicklungsbericht 1997 - Der Staat in einer sich ändernden Welt, Bonn.

Weltbevölkerung (2008): DSW – Weltbevölkerungsuhr, [http://www.weltbevoelkerung.de/info-service/weltbevoelkerungsuhr.php?navid=3; 17.09.2008]

Ziai, Aram (2000): Globalisierung als Chance für Entwicklungsländer? – Ein Einstieg in die Problematik der Entwicklung in der Weltgesellschaft, Hamburg.